C.H.BECK ■ WISSEN

in der Beck'schen Reihe

W0177799

Die Lebenszeugnisse und Kunstwerke der Etrusker – Gefäße, Waffen und Schmuck, die gewaltigen Grabhügel mit Sarkophagen, Aschenurnen und Totenbetten – lassen auf ein hoch differenziertes Gemeinwesen schließen. Doch wer waren die Etrusker, die seit dem 8. Jahrhundert v. Chr. große Teile Italiens beherrschten, ausgedehnten Fernhandel mit Phönikern und Griechen betrieben, das frühe Rom zivilisierten, um schließlich dieser aufstrebenden Macht zu unterliegen? Was wissen wir heute über ihre Lebensumstände, das vielfältige Kunstschaffen, die Grabanlagen mit ihren Wandmalereien, über die Sitten, die Sprache und die religiösen Vorstellungen, die den Zeitgenossen fremdartig erschienen und zur Verwunderung Anlaß gaben. Gestützt auf neue archäologische Erkenntnisse gibt dieses Buch Auskunft über Geschichte, Religion und Kunst eines der interessantesten Völker des Altertums.

Friedhelm Prayon, geb. 1941, ist Professor für etruskisch-italische Archäologie an der Universität Tübingen. Er verfügt über langjährige Ausgrabungserfahrungen in Etrurien; Forschungsschwerpunkte sind die etruskische Kunst und Religion sowie die Frühgeschichte Anatoliens.

Friedhelm Prayon

DIE ETRUSKER

Geschichte – Religion – Kunst

Verlag C.H.Beck

Mit 14 Abbildungen und 3 Karten

Die Deutsche Bibliothek – CIP-Einheitsaufnahme

Prayon, Friedhelm:
Die Etrusker : Geschichte, Religion, Kunst / Friedhelm
Prayon. – Orig.-Ausg. – 2., durchges. Aufl. –
München : Beck, 2001
  (C. H. Beck Wissen in der Beck'schen Reihe ; 2040)
  ISBN 3 406 41040 5

Originalausgabe
ISBN 3 406 41040 5

2., durchgesehene Auflage. 2001
Umschlagentwurf von Uwe Göbel, München
© Verlag C. H. Beck oHG, München 1996
Gesamtherstellung: C. H. Beck'sche Buchdruckerei, Nördlingen
Printed in Germany

www.beck.de

Inhalt

Einführung

Die Meinung des Poseidonios

„Wir haben noch über die Tyrrhener zu sprechen. Sie zeichneten sich früher durch ihre Tapferkeit aus, erwarben ein weites Land und gründeten viele ansehnliche Städte. In gleicher Weise waren sie auch in der Seefahrt groß und herrschten lange Zeit über das Meer. Sie bewirkten, daß das sich längs Italien erstreckende Meer nach ihnen das Tyrrhenische genannt wurde. Sie pflegten auch die Entwicklung der Fußtruppen und erfanden die sogenannte Trompete, die für die Kriege äußerst nützlich ist und nach ihnen ‚die Tyrrhena‘ genannt wird. Sie führten auch die Ehrenzeichen für die Feldherren ein, teilten den Führern Liktoren, den elfenbeinernen Klappsessel und die Tebenna zu. In den Häusern erfanden sie das Peristyl gegen den Lärm der Dienerscharen, eine sehr nützliche Sache. Davon haben die Römer das meiste übernommen, es nachgeahmt und für ihre eigene Zivilisation noch verbessert.

Die Wissenschaften, die Redekunst und die Theologie haben sie noch mehr entwickelt und haben das Wissen um die Blitzschau am meisten von allen Menschen studiert. Deshalb bewundern bis heute jene, die beinahe den ganzen Erdkreis regieren, diese Männer und bedienen sich ihrer als Interpreten für die Götterzeichen in den Blitzen.

Da sie ein überaus fruchtbares Land bewohnen und bebauen, haben sie eine Menge von Früchten, die nicht nur zu ausreichendem Lebensunterhalt, sondern auch zu verschwenderischem Genuß und zur Schwelgerei führt. Sie lassen sich nämlich zweimal des Tages üppige Tafeln bereiten und alles übrige, was zu übertreibender Schwelgerei gehört; sie richten Lager aus Blüten her und haben eine Menge von allerlei silbernem Trinkgeschirr und eine nicht geringe Zahl von dienenden Hausgenossen angeschafft. Von diesen zeichnen sich die einen durch ihre Schönheit aus, die anderen sind mit Kleidern geschmückt, die viel feiner sind, als es dem Sklavenstand zukommt.

Im allgemeinen haben sie die von altersher geübte Kraft eingebüßt, leben in Trinkgelagen und unmännlicher Leichtfertigkeit und haben nicht ohne Grund auch den Kriegsruhm ihrer Väter verloren."

Der Autor dieser Aussage über das Volk der Etrusker ist Poseidonios aus Apameia in Syrien. Er lebte von 135 bis 51 v. Chr. und war ein hochangesehener Philosoph und Diplomat. Im Winter 87/86 kam er als Gesandter der Insel Rhodos für Verhandlungen nach Rom. Dies bot ihm die willkommene Gelegenheit, sich unter anderem auch näher mit den Etruskern zu beschäftigen und die angeführte, durch den augusteischen Historiker Diodor (V 40) überlieferte kurze Charakterisierung zu geben. Ihr Wert liegt darin, daß sie die prägnanteste Schilderung dieses Volkes darstellt, über die wir bis heute verfügen.

Darüber hinaus ist das Datum interessant: Denn ein Jahr zuvor, im Jahre 88 v. Chr., war Etrurien in den römischen Staatsverband eingegliedert worden. Das brachte zwar allen Etruskern das römische Bürgerrecht, gleichzeitig wurde aber das Lateinische anstelle des Etruskischen zur offiziellen Amtssprache erhoben.

Kurzum, Poseidonios traf auf ein Volk, das soeben seine ethnische Identität verloren hatte, und sein moralisch erhobener Zeigefinger unterstreicht, daß die Etrusker, einst das tapferste, mächtigste und tüchtigste Volk Mittelitaliens, ihre Existenz durch übermäßige Ausschweifungen, mithin durch eigenes Verschulden verspielt hatten.

Poseidonios gab mit seiner Beurteilung, wie wir noch sehen werden, durchaus die seinerzeit unter Griechen und Römern verbreitete Meinung wieder. Doch wird sie diesem ungewöhnlichen Volk gerecht? Vor allem die archäologischen Entdeckungen der letzten beiden Jahrhunderte haben unser Wissen erheblich erweitert, so daß wir heute, aufgrund der reichen Hinterlassenschaft dieses Volkes, die etruskischen Denkmäler selber befragen und uns ein eigenes Urteil bilden können.

I. Die Etruskologie und ihre Grundlagen

1. Geschichte der Etruskerforschung

Das Interesse an den Etruskern erwachte in der Renaissance, als zunächst zufällig und später auch gezielt etruskische Denkmäler entdeckt wurden, wie das ‚Mula‘ genannte frühetruskische Kuppelgrab westlich von Florenz im Jahr 1494, wie das monumentale Tumulusgrab von Castellina in Chianti (1507) oder die auch heute noch singulären Großbronzen der Chimäre von Arezzo (1553) und die Togastatue des ‚Arringatore‘ am Nordufer des Trasimenischen Sees (1566). Da gleichzeitig auch das Interesse an den antiken Autoren erwachte, die durch das neue Buchdruckverfahren ein breiteres Publikum erreichten, waren zumindest die philologischen Voraussetzungen für die Beschäftigung mit diesem untergegangenen Volk gegeben. Allerdings ganz waren die Etrusker nie in Vergessenheit geraten, denn einzelne Denkmäler wie Stadttore, Gräber oder Urnen waren durchgängig bekannt, und der Name der Etrusker war allgegenwärtig in topographischen Bezeichnungen wie Tyrrhenisches Meer, im Ortsnamen Tuscania oder in der Landesbezeichnung Toskana. Die rege Beschäftigung mit den Etruskern in dieser Frühphase verdeutlicht auch die Tatsache, daß bereits 1498 Annio von Viterbo eine Sammlung etruskischer Inschriften veröffentlichte.

Schon früh konzentrierte sich das Interesse an den Etruskern in der Toskana, der Wiege der Renaissance. Ihre Bewohner, allen voran das Haus Medici, sahen sich – nicht ohne Polemik gegenüber Rom – als legitime Nachfahren der Etrusker, des ältesten Kulturvolkes Mittelitaliens, und dementsprechend emsig war ihre Beschäftigung mit diesem Volk. Sie beschränkte sich allerdings zunächst auf das Sammeln von Antiken und auf phantasievolle Rekonstruktionen literarisch überlieferter Denkmäler, so etwa das Grabmonument des legendären Königs Porsenna von Chiusi.

Im 18. Jahrhundert begann dann die wissenschaftliche Auseinandersetzung mit den Etruskern. 1726 wurde in Cortona die ‚Accademia Etrusca' als wissenschaftliches Forum gegründet. Autoren wie Anton Francesco Gori, Mario Guarnacci und Luigi Lanzi gebührt als ersten das Verdienst einer gewissenhaften Dokumentation der Denkmäler. Aber es finden sich auch schon methodenkritische Ansätze und Erkenntnisse, etwa bei Lanzi der Hinweis auf die griechische Herkunft der (bis dahin und auch später noch) für etruskisch gehaltenen figürlich bemalten Vasen.

Das 19. Jahrhundert brachte, angeregt durch die epochalen Entdeckungen in Ägypten und Griechenland, die internationalen Aktivitäten auch auf dem Gebiet der Etruskerforschung. Im Mittelpunkt standen dabei zunächst weitläufige Ausgrabungen in fast allen Gebieten Etruriens, vor allem in den Nekropolen von Vulci, Tarquinia und Cerveteri. Die Funde – das eigentliche Ziel dieser Unternehmungen – gelangten in alle wichtigeren Museen Italiens und des übrigen Europa, wo sie seither den Hauptbestand an griechischer und etruskischer Keramik bilden. Damals wurden auch die heute noch gültigen wissenschaftlichen Grundlagen der Geschichtsschreibung, Philologie und Archäologie gelegt. Nicht geringen Anteil an dieser Entwicklung hatte das 1829 durch Eduard Gerhard gegründete ‚Instituto di Corrispondenza Archeologica' in Rom, ein internationales Zentrum, in dem sich Künstler und Altertumswissenschaftler trafen und ihre Studien betrieben.

Es entstanden die ersten Zeitschriften und bedeutende topographische Standardwerke wie Luigi Canina, ‚Antica Etruria Marittima' (1846–1851), und George Dennis, ‚The Cities and Cemeteries of Etruria' (1848), letzteres ein heute noch lesenswertes und kulturgeschichtlich anspruchsvolles Buch. Charakteristisch für diese Zeit waren die als Corpora bezeichneten Sammelwerke etruskischer Kunstgattungen, wie Eduard Gerhard, ‚Etruskische Spiegel' (1839–1867), und Heinrich Brunn – Gustav Körte, ‚I rilievi delle urne etrusche' (1870–1916). Methodische Grundlagenforschung wurde schließlich für die etruskische Sprache geleistet (besonders Wilhelm Corssen, Carl Pauli, Gustav Herbig), und von Karl Otfried Müller, ‚Die Etrusker' (1828, ergänzt von Wilhelm

Deecke 1877), stammt die erste wissenschaftlich fundierte Gesamtdarstellung über die etruskische Kultur.

Im 20. Jahrhundert haben sich Methodik und Fragestellungen, analog zur Entwicklung in anderen Disziplinen der Altertumsforschung, vervielfältigt und verfeinert, wobei in zunehmendem Maß auch die Erkenntnisse technischer und naturwissenschaftlicher Fächer berücksichtigt wurden, etwa auf dem Gebiet von Materialanalysen (Fälschungen, Altersbestimmungen, Konsistenzen), dem Vermessungs- und fotografischen Dokumentationswesen (Fotogrammetrie, Fotosonden) und nicht zuletzt der EDV.

Dennoch ist die Etruskologie weiterhin primär eine historisch orientierte Geisteswissenschaft mit dem Ziel, die etruskische Kultur sowohl in ihren spezifischen Eigenheiten als auch in ihrer Einbindung im italischen und mediterranen Umfeld zu verstehen und zu erforschen. Ein Ergebnis dieses verbreiterten Spektrums sind die internationalen Ausstellungen, wie das 1985 in mehreren Städten Mittelitaliens gleichzeitig durchgeführte ‚Progetto Etruschi‘ oder auch – mit dem programmatischen Titel ‚Die Etrusker und Europa‘ – die jüngsten Ausstellungen von 1992 in Paris und Berlin. Im Bereich der Forschung beginnt sich, speziell in Italien, die „Etruscologia“ als eigene Forschungsdisziplin innerhalb der Altertumswissenschaften zu etablieren, während sie im übrigen Europa und in den USA ein Teilbereich der klassischen Disziplinen Archäologie, Philologie, Geschichte oder Linguistik bleibt.

Wesentlichen Anteil am Aufblühen der Etruskerforschung in Italien hat das 1932 in Florenz gegründete ‚Istituto di Studi Etruschi ed Italici‘. Insbesondere in seinen Anfangsjahren sowie zuletzt unter der Führung von Massimo Pallottino, der wissenschaftlich überragenden Persönlichkeit der vergangenen Jahrzehnte, hat sich dieses Institut durch vielfältige Aktivitäten wie periodisch stattfindende Kolloquien und Kongresse, durch Ausstellungsprojekte sowie Publikationen ein Ansehen erworben, das im Bereich der Altertumswissenschaften einzigartig ist.

2. Die antiken Autoren

Ein großes Problem für die Etruskerforschung ist das Fehlen einer eigenen etruskischen Literatur. So sind wir für die eigentliche Blütezeit der Etrusker, vom 7. bis zum 5. Jahrhundert v. Chr., vor allem auf die bruchstückhaften und zufälligen Bemerkungen griechischer Autoren angewiesen, denen die Etrusker offenbar nie eine eigene Abhandlung wert waren, so daß sie diese nur am Rande und bei spezifischen Themen erwähnten. Ausgangspunkt war meist das den Griechen Fremdartige, vor allem also die Sprache und Herkunft sowie die Sitten der Etrusker (Herodot, Theopomp und andere). Vereinzelt wurden auch historische Ereignisse geschildert, aber auch diese immer nur aus dem Blickwinkel griechischer Interessen (Thukydides, Diodor).

Ähnlich einseitig richtete sich auch das Interesse der römischen Autoren in erster Linie auf die Geschichte der Stadt Rom. Dies ist schmerzlich, denn politische und historische Ereignisse innerhalb Etruriens bleiben so fast ganz unbekannt. Darüber hinaus sind auch die Äußerungen römischer Autoren häufig tendenziös und auf eine positive Darstellung der Geschichte Roms bedacht. Dennoch verdanken wir besonders den augusteischen Historikern wie Livius und dem griechisch schreibenden Dionysios von Halikarnass wichtige Angaben und Hinweise, die sich, im Verein mit Inschriften und archäologischen Befunden, insgesamt doch zu einem brauchbaren, wenn auch lückenhaften Mosaik zusammenfügen lassen.

Wenigstens ein Werk beschäftigte sich aber speziell mit der Geschichte der Etrusker. Von Sueton wissen wir, daß Kaiser Claudius vor seiner Thronbesteigung im Jahr 41 n. Chr. „zwanzig Bücher" über die Etrusker verfaßt hatte, nach heutigen Maßstäben ein Buch von etwa zwanzig Kapiteln. Das Werk scheint nicht gerade ein Bestseller gewesen zu sein, jedenfalls ist es – mit Ausnahme von Sueton – sonst nirgends mehr erwähnt oder exzerpiert worden, so daß wir seinen Inhalt nicht kennen.

Claudius hat uns jedoch ein anderes wichtiges Dokument hinterlassen, eine bronzene Inschriftentafel in Lyon. Auf ihr ist der Inhalt einer Rede wiedergegeben, die der Kaiser im Jahr 48 im gallischen Lyon gehalten hatte. Es ging darin um die Verleihung des römischen Bürgerrechts an die gallischen Völker, für Claudius die Gelegenheit, um darauf hinzuweisen, daß Rom seine Größe einer von Beginn an offenen Integrationspolitik gegenüber Fremden verdankte. Sein Verweis auf die Karriere des Etruskers Mastarna, der es in Rom – unter dem Namen Servius Tullius – bis zur Königsherrschaft gebracht hatte, ist nicht nur deshalb interessant, weil derselbe Mastarna auch in der etruskischen Wandmalerei erscheint (Tomba François in Vulci), sondern auch, weil sich Claudius dabei auf „etruskische Quellen" (*auctores Tusci*) beruft.

Welcher Art diese *auctores Tusci* waren, läßt sich heute nur noch vermuten. Ähnlich wie in Rom dürfte auch in Etrurien das Interesse an der eigenen Vergangenheit erst in hellenistischer Zeit zu eingehenderen Forschungen geführt haben, wobei wohl weniger öffentliche Archive zur Verfügung standen als vielmehr private Aufzeichnungen der einzelnen Adelsfamilien.

Muß also die Frage nach der Existenz und dem Charakter historischer Schriften im vorrömischen Etrurien offen bleiben, so können wir umgekehrt davon ausgehen, daß auf religiösem Gebiet ein weiter zurückreichendes Schrifttum in Etrurien vorhanden war. Von seiner Existenz wissen wir vor allem durch Übersetzungen ins Lateinische, die wohl im frühen 1. Jahrhundert v. Chr. von einem gewissen Tarquitius Priscus (oder Tuscus) unternommen wurden.

Wahrscheinlich stand dieses als *disciplina etrusca* bekannte religiöse Wissen der Etrusker offiziell nur der Priesterschaft zur Verfügung, auch wenn Teile davon interessierten und einflußreichen Römern durchaus zugänglich waren. So wird vermutet, daß Cicero, selbst römischer Augur, durch seinen Briefpartner Aulus Caecina, einen etruskischen Priester, manche Informationen erhalten hat, die unter anderem in seine Schriften ‚De divinatione' und ‚De natura deorum' eingegangen sind.

Während der gesamten Kaiserzeit standen bestimmte Aspekte der etruskischen Religion wiederholt zur Diskussion. Dabei verdanken wir der antiken Sitte, aus älteren Schriften wörtlich und namentlich zu zitieren, auch aus dieser Zeit noch wichtige Einzelhinweise. Überhaupt liefert die Spätantike nicht zuletzt aufgrund der heftig geführten literarischen Auseinandersetzung zwischen Verfechtern heidnischer und christlicher Glaubensvorstellungen zwar späte, aber immer noch reichlich fließende Informationen über die etruskische Religion. Am Ende der antiken Überlieferungen steht indes eine *Suda* genannte byzantinische Enzyklopädie, ein nach Stichworten aufgebautes Lexikon des 10. Jahrhunderts. Hier kamen vereinzelt auch etruskische Wörter vor, wenn sie für die Etymologie lateinischer Begriffe von Bedeutung waren.

3. Denkmäler und Schriftzeugnisse

Wichtigste Grundlage für die Erforschung der etruskischen Kultur bilden die überlieferten Denkmäler und Schriftzeugnisse. Zwar sind auch sie nach wie vor in weiten Bereichen nur lückenhaft, doch haben sie gegenüber den Nachrichten antiker Autoren zwei wesentliche Vorteile: Sie sind authentische Zeugnisse aus ihrer Zeit, und ihr Bestand vermehrt sich kontinuierlich durch die Ergebnisse von Ausgrabungen – bisweilen übrigens auch durch Forschungen in unbeachtet gebliebenen Museumsbeständen.

Nach wie vor liefern die etruskischen Gräber die größte Materialbasis: Zum einen sind es die reichen Beigaben aus Ton (Keramik, Urnen), Metall (Gefäße, Geräte, Mobiliar, Waffen) und Stein (Sarkophage, Urnen, Plastik), zum anderen kennen wir eine außerordentlich vielseitige Grabarchitektur: Sie bietet nicht nur ein großes Spektrum an Grabformen, vom runden Hügelgrab (Tumulus) der Frühzeit bis zu den spätetruskischen Fassadengräbern mit tempelartiger Ausgestaltung, sondern auch eine reiche, das Wohnhaus imitierende Innengliederung sowie die Gattung der Grabmalerei, die für Sitten, Religion, Kunst und Sprache der Etrusker von zentraler Bedeutung ist. Hinzu kommt die Grabausstattung in Form von teilweise reich geschmückten Sarkophagen und Urnen in großer regionaler Vielfalt. Auf ihnen beruhen weitgehend unsere Kenntnisse der (griechischen) Sagendarstellungen in Etrurien sowie der etruskischen Porträtkunst.

Die zweite umfassende Materialbasis stellen die etruskischen Heiligtümer dar. Neben den architektonischen Überresten, meist Fundamente von Tempeln und Altären, sind es die ornamental und figürlich verzierten Tonplatten sowie Tonstatuen, die einst zum Schutz und Schmuck der hölzernen Gebälk- und Dachzone der Tempel dienten. Hinzu kommen große Mengen von Votivplastik aus Ton und Bronze, die in das jeweilige Heiligtum geweiht worden waren. Sie sind deshalb erhalten geblieben, weil sie als Besitz der Gottheit im Bereich des Heiligtums verbleiben mußten und in dafür eigens ausgehobenen Gruben „beigesetzt" wurden.

Die dritte, noch vergleichsweise junge archäologische Materialbasis entstammt dem Bereich der Siedlungen und der Wohnarchitektur. Zwar waren, etwa in Volterra und Perugia, etruskische Stadttore und Teile der Stadtummauerung stets gegenwärtig, doch über die etruskischen Siedlungsformen und die Wohnverhältnisse war lange nichts bekannt, da die Ausgrabungen bis zum Ende des 19. Jahrhunderts auf die vom Fundmaterial her ergiebigeren Nekropolen und Heiligtümer beschränkt blieben. Erst seit den sechziger Jahren unseres Jahrhunderts werden planmäßig auch Wohnsiedlungen im etruskischen Kerngebiet untersucht (z.B. Acquarossa, Bolsena), durch die Fragen wie Siedlungskontinuität und Siedlungsformen, aber auch neue Materialgattungen wie Gebrauchskeramik in das Blickfeld der Forschung getreten sind.

Ergänzt werden die archäologischen Denkmäler durch die schon mehrfach angesprochenen Schriftzeugnisse. Überliefert sind etwa 7500 Inschriften, vorwiegend von Tongefäßen aus Gräbern und Heiligtümern, vereinzelt auch aus Siedlungen. In der Regel geben sie die Namen derer wieder, die den Gegenstand besessen oder ihn geweiht haben; nicht selten, speziell in Heiligtümern, ist auch der Adressat, die Gottheit, genannt.

Bei mythologischen Bildmotiven handelt es sich meist um die Namen der dargestellten Personen.

Eine zweite große Gruppe von Inschriften befindet sich auf Sarkophagen und Urnen aus Stein und Ton. Sie enthalten die Namen der Verstorbenen, häufig auch Angaben über Abstammung und Alter, vereinzelt von Ämtern. Offizielle Schriftdokumente, wie in den alten Kulturen des Orients, sind hingegen kaum überliefert. Sie waren aber vorhanden, wie die Goldtäfelchen aus Pyrgi verdeutlichen. In Metall, Stein und seltener auch Ton eingearbeitet waren darüber hinaus Verträge zwischen Familien und öffentliche Erlässe. Eine bedeutende Rolle im Schrifttum der Etrusker scheint, auch nach Aussage der bildlichen Zeugnisse, der *Liber linteus* gespielt zu haben, ein beschrifteter Streifen aus Leinenstoff, der nicht aufgerollt, sondern in Falten übereinander gelegt wurde. Ein seltener Glücksfall hat es gefügt, daß mit der Mumienbinde in Zagreb ein solches beschriftetes Leinentuch überliefert ist und mit ihm der längste etruskische Text überhaupt (s. Kap. III).

II. Land, Städte, Gesellschaft

1. Das Land und seine Ressourcen

Das etruskische Kernland, zwischen Florenz und Rom gelegen, im Norden begrenzt vom Arno, im Westen vom Tyrrhenischen Meer, im Osten und Süden vom Tiber und Apennin-Gebirge (Abb. 1), ist eine ausgesprochen fruchtbare Landschaft

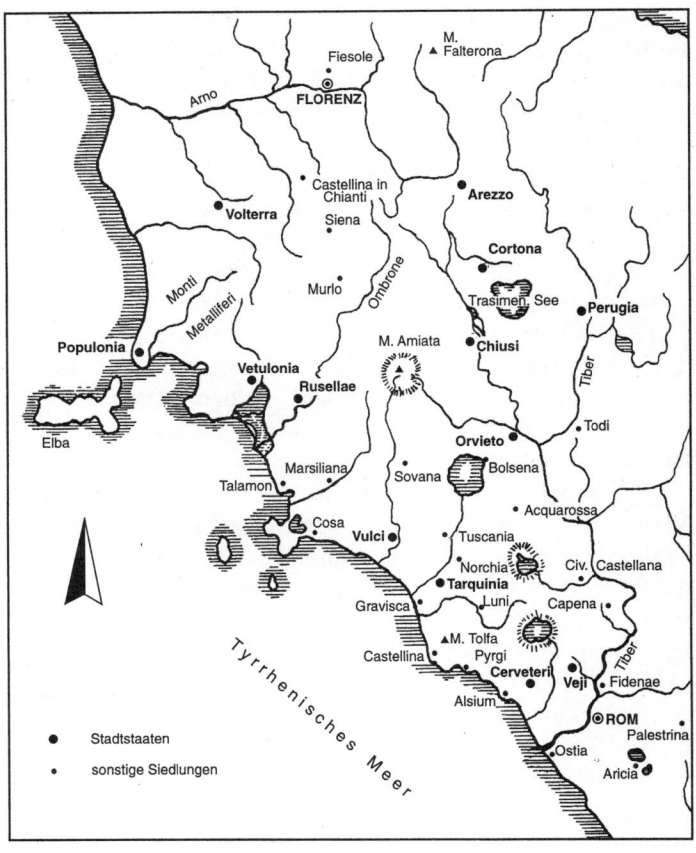

Abb. 1: Das vorrömische Etrurien

17

mit angenehmem Mittelmeerklima, trockenen warmen Sommern und nicht zu kalten, feuchten Wintern. Darüber hinaus ist Etrurien reich an Bodenschätzen, vor allem im Gebiet der Monti Metalliferi südlich von Volterra, deren Kupfer- und Eisenvorkommen, ebenso wie diejenigen auf der vorgelagerten Insel Elba, zu den reichsten des gesamten Mittelmeerraumes gehören. Ihr bis in die Anfänge der frühen Eisenzeit zurückgehender Abbau bildete einen wesentlichen Faktor für den späteren Reichtum und das kulturelle Aufblühen Etruriens.

Aufgrund dieser Bodenschätze, denen Städte wie Populonia und Vetulonia, aber auch als verarbeitende Zentren Vulci, Tarquinia und Cerveteri schon früh ihren Aufschwung und ihre Einbindung in das internationale Handelsnetz mit Phönikern und Griechen verdankten, fand Etrurien bereits um die Wende vom 8. zum 7. Jahrhundert v. Chr. den Anschluß an die führenden Handelskulturen des Mittelmeerraumes (Abb. 2). Hinzu kam eine etwa im Gegensatz zur adriatischen Ostküste Mittelitaliens günstige Küstenmorphologie mit natürlichen Anlegeplätzen und Möglichkeiten für die Anlage von Häfen, noch heute ein Kennzeichen der tyrrhenischen Küste.

Ein weiterer wichtiger Faktor ist die geologische Zweiteilung Etruriens mit den weitläufigen Tufflandschaften im Süden. Wie heute, so bestimmte schon in der Antike das Tuffgestein die Topographie der Siedlungen auf natürlichen Felsplateaus ebenso wie die Bauformen im einzelnen durch die Verwendung des handlichen und leicht zu bearbeitenden Tuffsteins bzw. durch das Einhöhlen von Baustrukturen in den weichen Tuffboden. Die Entwicklung der Grabarchitektur in Form unterirdisch in den Tuff gehöhlter Kammergräber mit einer das Wohnhaus imitierenden Innenarchitektur (Abb. 6) ist diesen idealen geologischen Bedingungen ebenso zu verdanken wie die Existenz von Wandmalereien in den Kammergräbern Südetruriens (Abb. 14).

Die Vulkanlandschaft im Süden mit ihren großen Süßwasserseen, zahllosen Quellen und Flüssen bot ideale Lebensbedingungen und trug mit dazu bei, daß sich nicht nur die Küste, sondern auch das Landesinnere zunehmend bevölkerte und

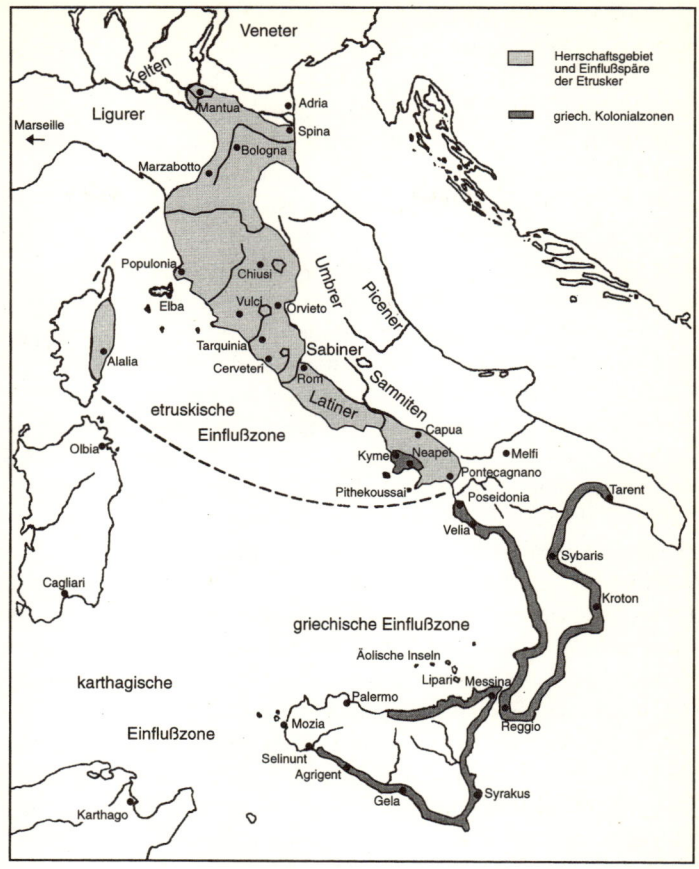

Abb. 2: Italien im 7. und 6. Jahrhundert v. Chr.

bedeutende Siedlungen entstanden. So bildeten sich längs der Seen und Flüsse sowie im Umfeld des teilweise schiffbaren Tibers blühende Siedlungen heraus wie (von Süden) Veji, Volsinii-Orvieto, Chiusi und Cortona, die zudem an der wichtigen Verkehrsverbindung zwischen Kampanien und Norditalien lagen.

Über die Produktionsschwerpunkte der Frühzeit haben wir keine näheren Angaben, sie können nur aus den archäologischen Befunden sowie der Beschaffenheit des Landes erschlossen werden. „Da sie ein urbares und fruchtbares Land bewohnen, ernten sie von allen Früchten große Mengen, denn Etrurien besitzt einen für alle Bebauungsarten geeigneten Boden, der sich in weiten Ebenen erstreckt und in weichen, fruchtbaren Hügellandschaften wellt" (Diodor V 40, 3). In der Tat gehört das Land zwischen Arno und Tiber noch heute zu den fruchtbarsten Gegenden Italiens, und da die Etrusker berühmt für ihre Fähigkeiten auf dem Gebiet der Bewässerung und der Kanalisation waren – nach Varro wurden Etrusker auch für den Bau artesischer Brunnen herangezogen –, ist eine intensive Nutzung des Bodens sicher schon relativ früh anzunehmen.

Angebaut wurden verschiedenste Getreidesorten, wodurch Rom mehrfach Versorgungsschwierigkeiten während des 5. Jahrhunderts v. Chr. überbrücken konnte. Nach Plinius (n.h. 18, 7) soll sich die Bevölkerung Roms in den ersten 300 Jahren fast ausschließlich von einem Brei (*puls*) aus Zweikorn (*triticum dicoccum*) ernährt haben, der in große etruskische Schalen gegossen wurde (Iuvenal, sat. 11). Vermutlich wurde auch dieses Getreide in Etrurien angebaut.

Aus Rückständen in archaischen Gräbern ist die Kultivierung von Haselnüssen und Oliven bezeugt. Da das etruskische Wort für Öl (*eleiva*) aus dem Griechischen (*elai[v]on*) entlehnt ist, liegt die Vermutung nahe, daß auch der Olivenanbau selbst aus Griechenland stammt. Schon im 7. Jahrhundert v. Chr. wurden aus Öl hergestellte parfümierte Salben in speziellen, Unguentaria genannten Tonfläschchen an die Adria, nach Kampanien und in die außeritalischen Gebiete der Punier exportiert.

Noch verbreiteter müssen der Weinanbau und der Handel mit Wein gewesen sein. Erneut weist die etruskische Bezeichnung (*vinum*, wie im Lateinischen) auf eine Übernahme des Getränks wie des Anbaus aus Griechenland (abgeleitet von *[v]oinos*), das beides wiederum den Phönikern verdankte.

Schon ab etwa 630 v. Chr. setzte in Südetrurien eine rege Produktion von Weinamphoren ein, die bei neuen Ausgrabungen in großen Mengen in Südfrankreich und Karthago gefunden wurden und die Frage aufwerfen, ob die Kenntnis des Weins im frühkeltischen Zentraleuropa nicht möglicherweise über diese etruskischen Weinimporte angeregt und verbreitet worden ist.

Dieselben Städte Südetruriens waren es auch, die durch den Export von hochwertiger Tonware wie dem Bucchero (Cerveteri), seit dem 6. Jahrhundert v. Chr. auch von getriebenen Bronzearbeiten und Bronzegefäßen (Vulci) am internationalen Handel partizipierten und so den Wohlstand ihrer Bürger mehrten.

Im einzelnen sind, vor allem für die Städte Inneretruriens, die jeweiligen Produktionsschwerpunkte und Handelsgüter bisher kaum auszumachen. Erst aus der Spätzeit stammt eine knappe Auflistung von Lieferungen, die einzelne etruskische Stadtstaaten anläßlich des Krieges der Römer gegen Karthago im Jahr 204 v. Chr. beisteuerten. So lieferten nach Livius (XXVIII 45, 14ff.) Cerveteri Getreide für die Schiffsmannschaften und Proviant aller Art, Tarquinia Leinwand für die Segel, Volterra Wachs zum Überzug der Schiffe sowie Getreide, und Populonia Eisen. Arezzo – in dieser Zeit besonders wohlhabend – war beteiligt durch die Lieferung von Schilden, Helmen, schweren und leichten Wurfspießen, Lanzen, Beilen und anderen Werkzeugen, ferner von Weizen, und schließlich Perugia, Chiusi und Rusellae mit Tannenholz und großen Mengen von Getreide.

2. Städte und Nekropolen

Die Anfänge der etruskischen Wohnsiedlungen lassen sich meist weit zurückverfolgen, bisweilen, wie in Tarquinia oder in Castellina bei Civitavecchia, auch bis ins 11. bzw. 10. Jahrhundert v. Chr. (Protovillanova-Zeit). Noch weiter zurück, bis in die Apennin-Kultur der Späten Bronzezeit (14.–12. Jh. v. Chr.), reichen die Spuren etwa in Luni sul Mignone, wo darüber hinaus auch mykenische Keramik gefunden wurde. Doch ob von einer wirklichen Siedlungskontinuität gesprochen werden kann, müssen archäologische Ausgrabungen erst noch erweisen, auch bleibt vorerst unklar, ob bzw. ab wann wir von einer etruskischen Bevölkerung schon in den Siedlungen der Späten Bronzezeit sprechen dürfen.

Charakteristisch für fast alle etruskischen Siedlungen ist die Lage auf strategisch günstigen, hoch gelegenen Plateaus. Das unterscheidet sie prinzipiell von den Stadtgründungen der späten römischen Republik und frühen Kaiserzeit und ist sicher damit zu erklären, daß diese frühen Siedlungen vor Angriffen geschützt sein sollten, mithin zu politisch unruhigen Zeiten angelegt wurden. Wichtig war die unmittelbare Nähe von Flüssen oder Süßwasserseen. Abgesehen von Populonia, das wegen der Verhüttung des Eisenerzes aus der vorgelagerten Insel Elba eine Sonderrolle spielte, lagen die großen Handelsstädte des Tyrrhenischen Meeres nicht unmittelbar an der Küste, sondern einige Kilometer landeinwärts, um vor feindlichen Überraschungsangriffen vom Meer her besser geschützt zu sein.

Aufgrund der strategisch günstigen Lage der meisten Siedlungen waren umlaufende Befestigungsmauern in der Frühzeit im allgemeinen nicht notwendig, einzig die Zufahrtswege oder besonders gefährdete Abschnitte wurden durch einzelne Mauerabschnitte gesichert. Ab dem 5. Jahrhundert v. Chr. finden wir indes aufgrund verbesserter Angriffswaffen immer mehr Stadtmauern, wobei unklar bleibt, ob diese aufwendigen Verteidigungsanlagen nur als Schutz gegen äußere Feinde, wie Römer und Gallier, angelegt wurden oder auch gegen etruskische Nachbarn. Die völlige Zerstörung und Aufgabe kleinerer Orte im Inneren Etruriens um 500 v. Chr., wie etwa Acquarossa, läßt vermuten, daß inneretruskische Auseinandersetzungen zu dieser Entwicklung beigetragen haben.

Die Lage der etruskischen Städte und auch der kleineren Siedlungen ist in der Regel bekannt. Zum einen haben viele von ihnen in römischer Zeit fortgelebt, davon nicht wenige, wie etwa Perugia oder Volterra, über das Mittelalter hinaus bis in die heutige Zeit hinein ohne Bruch überdauert. Zum anderen ‚verrät‘ sich eine etruskische Siedlung durch die Existenz von Gräbern und die Art, wie die meist weitläufigen Friedhöfe (Nekropolen) angelegt sind.

Wie in der Antike üblich, war die Bestattung Erwachsener nur außerhalb der Wohnsiedlungen erlaubt. In der Frühzeit befanden sich die Gräber an den Ausfallstraßen und bevorzugt in Siedlungsnähe. Als die nächstgelegenen und topographisch günstigsten Positionen vergeben waren, wurden auch weiter entfernte Gebiete in den Bereich der Nekropolen einbezogen. Bemerkenswert ist die regionale Vielfalt der einzelnen Nekropolen, von denen jede einzelne ihren unverwechselbaren Charakter bis heute bewahrt hat.

Handelt es sich etwa in Cerveteri um regelrechte Totenstädte mit Gräberstraßen (Abb. 5) und hausähnlichen Grabfassaden, hinter denen sich bis ins Detail wiedergegebene Wohnhäuser verbergen (Abb. 6), ergänzt noch um die großen gentilizischen Tumuli der Frühzeit, so erschließen sich die weitläufigen Nekropolen des benachbarten Tarquinia dem Besucher schlechter, da sie nicht als Ganzes freigelegt sind, sondern nur das Innere der Grabkammern besichtigt werden kann. Dafür entschädigen die einfachen Grabräume, die architektonisch nur spärlich gestaltet sind, mit den prachtvollsten Wandgemälden der Mittelmeerwelt außerhalb von Ägypten (Abb. 14).

In Vulci, der dritten der großen südetruskischen Küstenstädte, wurden die Gräber, einzig ihrer reichen Beigaben wegen, schon im frühen 19. Jahrhundert systematisch und zu Hunderten ergraben, aber kaum publiziert. Hier dominieren Anlagen mit großen, offenen Vorhöfen, den *cassone*, es gibt Gräber mit hausähnlichen Decken in Kassettenform und vereinzelt auch Grabmalereien, wobei die ‚Tomba François‘, die Imitation eines frühen Atriumhauses, beides, Architektur und Wandmalerei, in einzigartiger Weise miteinander verbindet.

Ganz anders wiederum die Situation im Hinterland der drei Küstenmetropolen, in der Zone der sogenannten Felsgräbernekropolen mit den pittoresken Totenstädten von San Giuliano, Blera, Norchia, Castel d'Asso und Sovana: Neben den importierten Grabtypen – dem Tumulus und dem Würfelgrab – haben sich hier, bedingt durch die regionalen Vorgaben cañonartiger Tuffschluchten, zum Teil völlig andere Nekropolen und Grabtypen herausgebildet. Ähnlich wie im südwestlichen Anatolien (Lykien, Karien) sind die Grabfassaden in die steil abfallenden Felswände eingemeißelt, die Gräber liegen neben- und mehrreihig übereinander und haben, besonders in den hellenistischen Nekropolen von Norchia und Sovana, die Tendenz, sich in ihrem Äußeren den Tempeln der Götter anzugleichen.

In Mittel- und Nordetrurien begegnen ebenfalls regional unterschiedliche Traditionen. So sind die spätarchaischen Nekropolen von Orvieto nach einem strengen Rastersystem gegliedert, das offensichtlich dem des gleichzeitigen etruskischen Städtebaus, wie er etwa in Marzabotto vorliegt, entlehnt ist. Eine systematische Planung der Nekropolen läßt sich sonst jedoch nirgends erkennen. Allerdings wurden bisher auch nur selten großflächige Ausgrabungen durchgeführt. In diesen Fällen, wie etwa in Populonia, scheinen ältere Grabformen (= Tumuli) und jüngere (= Ädikula-Gräber, Sarkophage) ohne ein übergeordnetes System angelegt worden zu sein.

3. Staat und Gesellschaft

Einen etruskischen Staat, etwa im Sinne des römischen Staatswesens oder unserer heutigen Nationalstaaten, hat es nie gegeben. Ähnlich den Verhältnissen im antiken Griechenland haben wir es mit einzelnen Stadtstaaten zu tun, die, wie etwa Tarquinia oder Vulci, über ein größeres Hinterland verfügten und eine selbständige Politik im Inneren und Äußeren betreiben konnten. Als ethnische und auch politische Einheit dürften die Etrusker eher von außen, von ihren Nachbarn, angesehen worden sein, während sie selbst sich als Caeretaner, Vejenter usw. betrachtet haben. Sicher gab es aber eine gewisse Koordinierung außenpolitischer Interessen und Aktivitäten, denn Projekte wie die Kolonisierung der Po-Ebene oder die teilweise Etruskisierung Kampaniens konnten nur im Verbund mehrerer Stadtstaaten realisiert werden.

Überliefert ist ein Bund von zwölf Städten, wobei einzelne Mitglieder, entsprechend der wechselnden Bedeutung der Städte, im Verlauf der Zeit durch andere Mitglieder ersetzt wurden oder ersetzt werden mußten, wie etwa Veji nach seinem Untergang im Jahr 396 v. Chr. Die Organisation in Form eines Zwölfstädtebundes war keine Erfindung der Etrusker, vielmehr begegnet sie auch im griechischen Kleinasien. Zwölfstädtebünde sind darüber hinaus für die etruskischen Städte der Poebene und Kampaniens überliefert, wobei Mantua und Capua jeweils ein dominierendes Zentrum darstellten.

Zwar hatte der Zwölferbund Etruriens kein festgelegtes Machtzentrum, besaß aber ein Zentralheiligtum im Territorium von Volsinii/Orvieto, das Fanum Voltumnae. Hier trafen sich alljährlich die Herrscher der zwölf Stadtstaaten und wählten ein Oberhaupt – von den Römern als *„praetor Etruriae"* bezeichnet –, über dessen Machtbefugnisse nichts Näheres überliefert ist. Diese Herrscher, auch *mechl* oder Lukumonen genannt, dürften in der Frühzeit sowohl über die religiöse als auch über die weltliche Macht verfügt haben. Ihnen zur Seite stand eine Schicht von Aristokraten, die wir sowohl durch ihre Gentilnamen als auch die aufwendigen Grabbauten schon im 7. Jahrhundert fassen können. Im Gegensatz zu Athen und Rom, wo der Überlieferung nach gegen Ende des 6. Jahrhunderts v. Chr. die Monarchie zugunsten der Demokratie aufgegeben wurde, scheint das monarchische System in Etrurien langlebiger gewesen zu sein, wie die Nennung eines Königs Thefarie Velianas auf den Goldlamellen aus dem Heiligtum von Pyrgi verdeutlicht, die der ersten Hälfte des 5. Jahrhunderts v. Chr. angehören.

Auch Veji wurde, wenn wir der römischen Überlieferung glauben dürfen, bis zu seinem Untergang noch von Königen regiert, wie jenem Larth Tulumne, der im späteren 5. Jahrhundert v. Chr. im Kampf um den Besitz der Grenzfeste Fidenae gegen Rom unterlag und getötet worden sein soll.

Ähnlich wie in Rom läßt sich auch in Etrurien der stetige Aufstieg und damit der wachsende Einfluß unterer Bevölkerungsschichten beobachten. Bezeichnend ist die Situation in

Volsinii/Orvieto, wo nach Livius im Jahr 264 v. Chr. die Sklaven durch die Leichtfertigkeit der örtlichen Aristokratie die Macht ergreifen konnten, worauf das bedrängte Patriziat Rom um Hilfe bat. Die anschließende Zerstörung von Volsinii und die Zwangsumsiedlung der gesamten Bevölkerung an den Bolsena-See spricht nicht unbedingt für die Glaubwürdigkeit dieser Überlieferung, aber daß es in Etrurien, ähnlich wie in Rom, im 4. und 3. Jahrhundert v. Chr. zu sozialen Spannungen und gesellschaftlichen Veränderungen gekommen ist, dürfte außer Frage stehen.

Wahrscheinlich hatte schon im 5. Jahrhundert v. Chr. ein gewisser Demokratisierungsprozeß eingesetzt, denn es ist auffallend, wie sehr in den Bestattungsformen die Grenzen zwischen reich und arm verschwimmen und die alten gentilizischen Familien kaum noch als solche in Erscheinung treten. Allerdings läßt sich ab dem 4. Jahrhundert v. Chr. eine rückläufige Tendenz beobachten. Es scheint so, als ob die alten patrizischen Familien sowie aufstrebende neue Schichten, gestützt vor allem auf reichen Landbesitz und dessen zunehmende Bewirtschaftung in großflächigen Latifundien, ihre Macht festigten. Die Kluft zwischen Großgrundbesitzern auf der einen und den abhängigen Schichten auf der anderen Seite dürfte sich dadurch noch vergrößert haben, wobei mit einer beträchtlichen Zahl von Sklaven zu rechnen ist.

4. Privatleben und Familie

Unsere Quellen über das Privatleben und die Familie der Etrusker sind zum einen die archäologischen Zeugnisse – Siedlungen und Wohnbauten, die Grabinschriften, die Grabarchitektur und die Grabmalerei. Zum anderen sind es die Äußerungen antiker Autoren, die den etruskischen Sitten meist nur unter dem Aspekt Interesse entgegenbrachten, in welcher Weise sie sich von den eigenen unterschieden. Und dies scheint in hohem Maße der Fall gewesen zu sein, wenn wir den Schilderungen einiger griechischer Autoren wie Herakleides, Timaios und Theopomp glauben dürfen.

Besonders ausführlich ist Theopomp von Chios, der im 4. Jahrhundert v. Chr. lebte und, wie Athenaios überliefert, im 43. Buch seiner ‚Historien' unter anderem das Folgende berichtet: „Es ist bei den Tyrrhenern fester Brauch, daß Frauen gemeinsamer Besitz seien. Diese kümmern sich sehr um die Pflege des Leibes und üben nackt oft auch mit den Männern, bisweilen auch untereinander. Sie speisen nicht an der Seite ihrer eigenen Männer, sondern mit wem sie gerade zusammenkommen, und trinken zu, wem immer sie wollen. Sie sind äußerst trinkfest und sehr schön. Die Tyrrhener ziehen alle Kinder auf, die zur Welt kommen, ohne daß sie wüßten, von welchem Vater ein jedes stamme. Auch diese [Kinder] leben genau so wie ihre Ernährer ... Wenn sie in Gesellschaft oder in der Familie beisammen sind, zu trinken aufgehört haben und schlafen gehen wollen, dann bringen die Diener bei noch brennenden Lampen bald Hetären, bald sehr schöne Knaben, bald auch Frauen herein ..."

Andere Autoren, wie der eingangs zitierte Poseidonios, prangern die Schwelgerei, den ausufernden Lebensstil der Etrusker an und die Sitte, beim Mahl mit den Frauen unter derselben Decke zu liegen. Auch sollen die Dienerinnen nackt gewesen sein, wenigstens solange sie noch nicht erwachsen waren. Dergleichen wenig schmeichelhafte Schilderungen bestimmen demnach das Bild, das Griechen und später auch Römer vom Privatleben der Etrusker entworfen haben.

Auf den ersten Blick scheint dieses negative Bild durch die etruskischen Denkmäler selbst bestätigt zu werden, ja es könnte fast der Eindruck entstehen, als ob die Einschätzung auf der Kennntnis etruskischer Grabmalereien und Sarkophage beruhe, finden wir doch auf Wandgemälden, Sarkophagen und Urnen durchaus Männer und Frauen „unter einer Decke" lagernd (Abb. 8 und 9). Erotische Szenen sind ebenfalls häufig vertreten, ebenso nackte Bedienstete, und die Dickleibigkeit der Männer auf spätetruskischen Sarkophagen ist geradezu typisch für diese Kunstgattung.

Daß die Etrusker und Etruskerinnen großen Wert auf ihr Äußeres legten, läßt sich ebenfalls durch die Grabgemälde bestätigen. Dennoch ist die heutige Forschung davon überzeugt, daß die genannten Beispiele für die Sittenlosigkeit der Etrusker nicht nur übertrieben sind, sondern sogar ein verfälschtes Bild wiedergeben.

Das beginnt mit der Interpretation der Wandbilder selber: Liegen Frau und Mann auf der gemeinsamen Kline, so handelt es sich um Ehepaare, eine für Griechen nicht nachvollziehbare Sitte, speisten doch hier Frauen und Männer getrennt. Erotische Szenen sind auch in der griechischen Bildkunst geläufig, im Falle der etruskischen Grabbilder sind dabei zudem aber die Aspekte der Fruchtbarkeit und des Weiterlebens nach dem Tod zu berücksichtigen. Und diesem sepulkralen Kontext sind auch die Gelageszenen zuzuordnen, denn in den späteren Gräbern, in denen die dargestellten Personen durch Beischriften kenntlich gemacht sind, handelt es sich eindeutig um Totengelage. Wiedergegeben ist jener Moment, in dem der Verstorbene in den Kreis seiner Vorfahren aufgenommen wird.

Für die Gelageszenen in den archaischen Gräbern, die ohne Beischriften sind, ist die Deutung unklar, bzw. sie weist in eine andere Richtung: Analog zu den sportlichen Wettkämpfen scheint es sich hier eher um die irdischen Feierlichkeiten zu Ehren des Toten zu handeln, um die Leichenspiele und den Leichenschmaus; und was schließlich die Dickleibigkeit der Verstorbenen auf den Sarkophagen der Spätzeit betrifft, ist diese eher als Zeichen des Wohllebens zu deuten und entspricht dem Stilempfinden der hellenistischen Kunstepoche, die sich nicht scheute, Realitäten wie Dickleibigkeit und Altersmerkmale detailliert wiederzugeben.

Auch der Vorwurf der allzu freien Liebe, d.h. der wahllosen Partnerwahl ohne familiäre Bindung, dürfte sich kaum halten lassen. Im Gegenteil verweisen die zahllosen Grabinschriften, zum Teil regelrechte Stammbäume, auf feste Bindungen und klare Familienverhältnisse in allen Schichten und zu allen Zeiten, die denen des republikanischen Rom in nichts nachstehen. Dasselbe gilt für die Befunde, die sich aus der Innengliederung etruskischer Kammergräber erschließen lassen. Auch hier ist eine klare Familienstruktur erkennbar, aber mit einem wesentlichen Unterschied gegenüber Rom und Griechenland: Die Frau ruhte bzw. lagerte gleichberechtigt zu Seiten ihres Mannes, und im Vestibül des Grabes, das dem des Wohnhauses nachempfunden war, verfügte sie über ein eigenes Sitzmöbel (Abb. 6). Sie nahm demnach – anders als die Römerin – an den Empfängen und dienstlichen Besprechungen des Hausherrn teil. Die etruskische Frau hatte also im Hausbereich eine dem Hausherrn ähnliche Machtstellung. Ihre geachtete Position läßt sich nicht zuletzt auch daran ablesen, daß sie, wie jeder etruskische Mann, einen eigenen Vornamen besaß (z.B. Clelia, Ati, Larthia) und nicht, wie die Römerin, nur eine Claudia (der Gens Claudia zugehörig), Fabia oder Sabina war.

Anders als in Griechenland und Rom beschränkte sich die Lebenswelt der Etruskerin nicht auf Haus und Familie. Sie ging oft und gerne aus, und die Blicke der Männer brachten sie nicht zum Erröten, wie Livius schreibt. Sie beteiligte sich sogar aktiv an der Politik, obwohl eine Persönlichkeit wie Tanaquil, wenn Livius sie halbwegs zutreffend schildert, sicher ein Ausnahmefall war: Ihrem Gatten zuliebe, Sohn eines aristokratischen Flüchtlings aus dem griechischen Korinth, verließ sie ihre Heimatstadt Tarquinia und wanderte nach Rom aus, weil sie dort für ihn bessere Aufstiegschancen sah. Mit ihrer Hilfe und dank ihrer Fähigkeiten in der Deutung himmlischer Vorzeichen stieg er hier, als Tarquinius Priscus, bis zum König auf, und mit ebenso großem Geschick und Weitblick soll Tanaquil später auch ihrem Adoptivsohn Servius Tullius zur Herrschaft in Rom verholfen haben.

Erstaunlich und für die antiken Nachbarn befremdlich ist in der Tat die partnerschaftliche Rolle zumindest der patrizischen Frauen in der etruskischen Gesellschaft, und es verwundert nicht, daß das freie Leben und das selbstbewußte Auftreten dieser Frauen ausreichend Anlaß und Raum bot für Mißverständnisse und Verleumdungen der Art, wie wir sie eingangs geschildert haben.

III. Herkunft, Anfänge und Sprache

1. Das Problem der Herkunft

Die Anfänge der Etrusker liegen, wie bei den meisten Völkern, im Dunkeln. Dies verwundert nicht, ist doch ein Volk das Ergebnis eines langen Prozesses, einer vielschichtigen, weitgehend unbemerkten Entwicklung, von der wir sehr häufig nur das Ende, eben die Existenz einer ethnischen Gemeinschaft, fassen können. Historisch greifbar sind die Etrusker erst ab dem Moment, als über sie berichtet wird bzw. sie selbst eindeutige Spuren überliefern. Dies sind in erster Linie die Sprachzeugnisse. Zeitlich fallen beide Aspekte zusammen: Um 700 v. Chr. spricht der griechische Dichter Hesiod (Theog. 1011 ff.) von den „hochberühmten Tyrsenern", und aus der Wende vom 8. zum 7. Jahrhundert stammen die ältesten Inschriften in etruskischer Sprache. Gefunden in Mittelitalien, kennzeichnen sie das Land, in dem die Etrusker lebten.

Damit wäre das Problem gelöst, wenn es nicht einige offene Fragen gäbe, die schon die Griechen bewegten und die noch in unseren Tagen heftig diskutiert werden: etwa die etruskische Sprache, die unter den benachbarten italischen Völkern isoliert dasteht, oder die Meinung der zeitgenössischen Griechen, die von einer Einwanderung der Etrusker aus Westkleinasien nach Italien berichten. Allen voran ist hierfür aus dem 5. Jahrhundert v. Chr. der Historiker Herodot zu nennen (I 94), der von einer verheerenden Hungersnot im kleinasiatischen Lydien erzählt, durch die sich der lydische König Atys dazu gezwungen gesehen habe, seinen Sohn Tyrsenos mit der Hälfte seines Volkes zur Auswanderung über See zu veranlassen. Nach langen Fahrten hätten sie sich endlich im Land der Ombriker (= Umbrer) niedergelassen, Städte gegründet und sich nach ihrem Anführer fortan Tyrsener genannt.

In dieser Geschichte, die nach Herodots eigenen Zeitvorstellungen etwa in das 13. Jahrhundert v. Chr. gehört, mischen sich einige Fakten mit Namen und Ereignissen, die in unbekanntes Terrain zurückführen. Historisch gesichert – und für Herodot zeitgenössisch – ist die Präsenz der Etrusker in Mittelitalien. Bemerkenswert, da von der neueren Forschung diskutiert, ist die Bezeichnung der Umbrer als mögliche Urbevölkerung Mittelitaliens. Nach Dionysios von Halikarnass (I 30 ff.) nannten die Etrusker sich selbst *Rasenna*, was durch Inschriften wie „*mechl rasnal*" im Sinne von „etruskischer König" gesichert schien. Da diese Bezeichnung relativ häufig und dazu im Kontext von Funktionen im Stadtstaat vorkommt, sind in jüngster Zeit Zweifel an dieser Deutung laut geworden.

Jedenfalls ist sicher, daß die Bezeichnungen „Tyrsenoi" oder auch „Tyrrhenoi" griechisch sind und es sich hierbei um den üblichen Versuch der griechischen Historiker handelt, einen vorgegebenen Namen durch einen heroischen ‚Gründer' zu erklären. Auch können wir heute ausschließen, daß die Etrusker von den Lydern abstammen, da deren Sprache, dem Luwisch-Anatolischen zugehörig, mit dem Etruskischen nicht verwandt ist.

Nach Meinung des Hellanikos, einem etwas jüngeren Zeitgenossen des Herodot, sind die Etrusker identisch mit den Pelasgern, einem sagenumwobenen Volk, das ebenfalls in dunkler Vorzeit von der Ägäis nach Italien übergesiedelt sein soll. Teile beider Theorien verbindet im 3. Jahrhundert v. Chr. Antikleides (überliefert bei Strabon V 2, 4), indem er das von Tyrsenos nach Italien überführte Volk pelasgisch nennt und demselben Stamm zurechnet wie die Bevölkerung der Inseln Lemnos und Imbros in der Nordost-Ägäis unweit von Troja. Die Lemnier werden sogar direkt als Tyrrhener bezeichnet.

Waren also die Griechen davon überzeugt, daß die Tyrrhener aus dem ägäischen Raum nach Italien eingewandert seien, vertritt in augusteischer Zeit der Historiker Dionysios von Halikarnass (I 26) eine völlig andere Meinung. Zwar betont auch er die unterschiedlichen Sitten und Gebräuche der Etrusker, doch sei dieses Volk autochthon, das heißt, von Beginn an in Italien ansässig gewesen.

Diese Meinung, die in der römischen Kaiserzeit und in der modernen Forschung, speziell in Italien, die meisten Befürworter gefunden hat, kann für sich das wichtige Argument beanspruchen, daß sämtliche Zeugnisse, die wir von den Etruskern kennen, vor allem ihre materielle Hinterlassenschaft, aus Italien stammen bzw. dort hergestellt sind. Insofern wäre das Problem gelöst, gäbe es nicht doch eine antike, dem Etruskischen verwandte Sprache, die ausgerechnet in dem Gebiet nachweisbar ist, das, mehr oder weniger konkret, von den älteren griechischen Autoren als die Urheimat der Etrusker angesehen wurde: die Ostägäis im Bereich der kleinasiatischen Westküste.

Gemeint ist die ostgriechische Insel Lemnos, die unter anderem von Antikleides schon mit den Tyrrhenern in Verbindung gebracht worden war. Die dort gefundenen Schriftzeugnisse, eine Grabstele mit dem eingeritzten Bild eines Kriegers sowie eine größere Anzahl von beschrifteten Keramikscherben, belegen, daß die älteste und bisher einzige Schriftsprache auf Lemnos bis zur Einnahme der Insel durch Athen gegen Ende des 6. Jahrhunderts einen eigenständigen Charakter hatte, der sich weder mit dem benachbarten Griechischen noch mit dem Lydischen verbinden läßt, hingegen mit dem Etruskischen sowohl in der grammatischen Struktur als auch im Wortschatz weitgehend übereinstimmt. Hinzu kommt ein Worttrennungszeichen in der Form eines Doppelpunktes, wie es bisher nur im archaischen Südetrurien geläufig ist; und ebenso ungewöhnlich wie auffallend ist auch die jeweilige Nennung des Mutternamens (Matronymikum) auf Grabinschriften in Etrurien und auf der Stele von Lemnos.

Doch alle diese Indizien genügen nicht, um eine Herkunft der Etrusker aus Lemnos abzusichern; denn abgesehen von den sprachlichen Übereinstimmungen und der Gattung der Kriegerstele gibt es auf Lemnos kulturgeschichtlich nichts, was in irgendeiner Form mit Etrurien vergleichbar wäre. Im Gegenteil erweisen sich die Lemnier als fest eingebunden in den Kulturraum der nordöstlichen Ägäis. Dies gilt nicht nur für die archäologischen Relikte, von der Keramik über die Bildmotive bis hin zu den Bauformen, sondern offensichtlich auch für die religiösen Vorstellungen (einschließlich der Götter), die erfahrungsgemäß ein besonders tief verwurzeltes kulturelles Element bilden.

Aber wie ist dann die sprachliche Übereinstimmung und auch die griechische Überlieferung zu verstehen? War vielleicht den Griechen schon die Ähnlichkeit zwischen dem Etruskischen und dem Lemnischen aufgefallen, und hatten sie deshalb die Auswanderungsthese konstruiert?

In jüngster Zeit findet jene Meinung immer mehr Zustimmung, die von einer entgegengesetzten Einwanderung, einer West-Ost-Bewegung ausgeht, und zwar insofern, als mit den tyrrhenischen Seeräubern, die nach Aussage griechischer Autoren die Ägäis unsicher machten, Etrusker gemeint seien, die sich auf Lemnos festgesetzt und dort ihre Sprache eingeführt hätten. Aber restlos überzeugen kann auch diese These nicht; denn abgesehen davon, daß dieser Vorgang einer Ansiedlung von etruskischen Seeräubern auf Lemnos aus sprachgenetischen Gründen in historischer Zeit, zwischen dem 10. und dem 7. Jahrhundert v. Chr., angesetzt werden müßte, verwundert, daß nicht schon die frühen Griechen dies wußten und überlieferten. Auch der schon erwähnte fehlende etruskischen Einfluß in allen anderen Bereichen der lemnischen Kultur kann nicht gerade als Stütze der neuen These angeführt werden.

Außer acht bleiben muß bei der Frage nach der östlichen Herkunft der Etrusker aber ein vor allem bei Laien beliebtes Argument: die Fülle der orientalischen Einflüsse in der etruskischen Kunst und Kultur. Wie weiter unten ausgeführt wird, sind diese Einflüsse nichts anderes als das Ergebnis von regem geistigen und materiellen Austausch, der Etrurien – ebenso wie Griechenland – im 8. und 7. Jahrhundert v. Chr. voll erfaßte und zu einer eigenen, orientalisch geprägten Kulturepoche führte, die im Bereich der Kunst als „orientalisierende Phase" bezeichnet wird. Diese orientalische Welle erreichte demnach Etrurien in einer Zeit, die deutlich später liegt als eine mögliche Einwanderung aus dem Osten. Außerdem weisen diese Kontakte nicht in die Nordost-Ägäis, sondern nach der Levante und nach Zypern, vereinzelt auch nach Mesopotamien und Ägypten, und als Vermittler und hauptsächlicher Partner sind, neben den Griechen, zweifellos die Phöniker anzusehen, mit denen die Etrusker über Jahrhunderte eng verbunden waren.

Angesichts dieser Sachlage ist es verständlich, daß die Frage nach der Herkunft der Etrusker gegenüber der nach ihrer Volkwerdung in Italien bzw. ihrer faßbaren Existenz in der Forschung zurücktritt. Bei allem verständlichen Bestreben, das „Herkunftsproblem" der Etrusker endlich zu lösen und damit aus der Welt zu schaffen, sollte nicht vergessen werden, daß die Etrusker als Volk nur in Italien faßbar sind und daß sie hier – von Teilen ihrer Sprache abgesehen – in allen ihren kulturellen Bereichen fest eingebunden sind in das italische Umfeld. Dies wird auch deutlich, wenn es im folgenden um die materiellen Zeugnisse ihrer Frühzeit geht, die in der Forschung als Villanova-Kultur bezeichnet wird.

2. Die Frühzeit

Die Spätere Bronzezeit vom 14. bis 12. Jahrhundert v. Chr., in der nach griechischer Vorstellung die Einwanderung der Etrusker erfolgte, sieht Mittelitalien in einem weitgehend agrarischen Zustand und mit ausgeprägtem Viehweidebetrieb besonders an Rindern, Schafen und Schweinen. Die zugehörige Apenninkultur ist bisher nur durch wenige Siedlungsgrabungen und überraschenderweise kaum durch Gräberfelder bekannt. Die dünnwandige, aus ungereinigtem Ton hergestellte Keramik zeichnet sich durch geritzte oder gepunktete Linien mit Mäander- oder Spiralmotiven aus. Gegenüber Süditalien und Sardinien zwar nur vereinzelt, aber dennoch vorhanden sind Scherben mykenischer Keramik, die auf Kontakte mit dem ägäischen Raum hinweisen, schon weit vor der griechischen Kolonisierung im 8. und 7. Jahrhundert.

Das Vorkommen dieser mykenischen Keramik im Gebiet der mineralreichen Tolfaberge, in Siedlungen wie Luni sul Mignone oder Monte Rovello, wirft die Frage auf, ob diese

Kontakte nicht mit dem großen Bedarf an Mineralien und Metallen zuammenhingen, den die mykenische Welt schon seinerzeit hatte. So erwähnen mykenische Linear-B-Täfelchen das Alaun, das gerade in den Tolfabergen reich vorkommt und das sowohl zum Gerben von Tierhäuten als auch bei den Reduktionsprozessen der Metallgewinnung benötigt wurde. Und nicht auszuschließen ist, daß schon damals die reichen Eisenerzvorkommen in Mittelitalien die Mykener veranlaßten, mit der einheimischen, uns unbekannten Bevölkerung in engeren Handelskontakt zu treten.

Die nachfolgenden Perioden der Subapennin- und der Protovillanova-Kultur (12.–10. Jh. v. Chr.) sind noch wenig erforscht. Ihre wesentlichen Neuerungen sind die Ablösung der Körper- durch die Brandbestattung, daneben das Aufkommen bikonischer Urnen (größte Ausladung in der Mitte des Gefäßkörpers und Verjüngung nach oben und unten) und einfacherer, kleinerer Keramikformen, neuer Bronzewaffen, wie das Langschwert und die geflügelte Lanze, und neuen Schmucks, wie die Violinbogenfibel.

Bezeichnend für diese Zeit des Übergangs von der Bronze- zur Eisenzeit sind zahlreiche „Hortfunde", meist bronzene Geräte und Gefäße, ein Phänomen, das sich über weite Teile Italiens erstreckt. Zu denken ist dabei wohl weniger an das Verbergen von Schätzen in unsicheren Zeiten, wie im Falle von Münzhorten, sondern eher an rituelle Niederlegungen, da die Gegenstände auf eine primäre Verwendung im Kult schließen lassen.

Insgesamt verweisen die Funde auf besonders enge Beziehungen zur Urnenfelderkultur Mitteleuropas und zum Balkan, aber kaum weniger intensiv sind die Einflüsse aus dem ägäischen Raum. Die Wohnhäuser werden kleiner und liegen in strategisch günstigen Höhensiedlungen, die vereinzelt durch imposante Ringmauern geschützt sind (Monte Rovello). In nicht wenigen Fällen, wie in Tarquinia, nehmen die meist noch kleinen Siedlungen schon Teile jener Plateaus ein, auf denen sich in der Folgezeit die großen Siedlungen der Etrusker entwickelten.

Diese folgende Phase, die Villanova-Kultur des 9. und 8. Jahrhunderts v. Chr., benannt nach dem Ort Villanova bei Bologna, wo Funde dieser Kulturstufe erstmals systematisch ergraben wurden, ist früher als prähistorische Vorstufe zur Kultur der Etrusker angesehen worden. Heute, aufgrund von Ausgrabungen und Untersuchungen der Einzelphänomene, wissen wir, daß die „Träger" der Villanova-Kultur, zumindest in deren Spätphase, bereits Etrusker gewesen sein müssen. Dies verdeutlicht zum einen, wie schon angedeutet, die Siedlungskontinuität. Hinzu kommt die bruchlose Weiterentwicklung im Kunstschaffen sowie schließlich die Tatsache, daß die ältesten Sprachzeugnisse der Etrusker bis in die auslaufende Villanova-Zeit des späteren 8. Jahrhunderts v. Chr. zurückreichen.

Die Villanova-Kultur ist archäologisch am besten dokumentiert durch ihre großen Friedhöfe und die Grabbeigaben. Dabei wurde zunächst die Brandbestattung in kleinen Erdvertiefungen weitergeführt (sog. Pozzogräber), während im Verlauf des 8. Jahrhunderts v. Chr. sich immer mehr die neue Form der Körperbestattung durchsetzte. Die Verstorbenen wurden jetzt unverbrannt in Erdschächten beigesetzt (sog. Fossagräber). Die charakteristische bikonische Villanova-Urne, mit einem Henkel versehen und mit Abdeckung durch eine Schale, verlor dabei naturgemäß an Bedeutung. Die als Impastoware bezeichnete Keramik, noch ohne Verwendung der Töpferscheibe hergestellt, war aus ungereinigtem Ton und meist grob und dickwandig.

Ab der Mitte des 8. Jahrhunderts v. Chr. vollzog sich, unter dem Einfluß der neugegründeten griechischen Kolonien in Unteritalien, ein folgenreicher Wandel: Nachdem schon vor der Jahrhundertmitte vereinzelt griechische Töpferware in die einheimischen Gräber gelangt war (besonders in Veji), geschah dies jetzt in größerem Umfang. Und schon wenig später etablierten sich in aufstrebenden Siedlungen wie Tarquinia und Vulci Töpferwerkstätten, welche die hochwertigen griechischen Waren imitierten und dabei besseren Ton und auch die Töpferscheibe verwendeten. Zeitgleich gelangten andere Importe aus Griechenland und dem Orient nach Etrurien, die ebenfalls wesentlich die Kunstentwicklung der Folgezeit, die „orientalisierende Phase" der etruskischen Kultur, prägten.

Das Aufblühen der Villanova-Kultur war verbunden mit einem stetigen Bevölkerungszuwachs. Auch wenn die Wohnsiedlungen bisher noch weitgehend unerforscht sind, läßt sich anhand der Oberflächenfunde absehen, daß zu diesem Zeitpunkt die Siedlungsareale der späteren etruskischen Metropolen schon weitgehend bewohnt gewesen sein dürften. Die Art der Bebauung mit etwa zehn Meter langen Einzelhäusern in ovaler oder rechteckiger Grundrißform war zwar noch recht locker, doch kann wohl schon von protourbanen Siedlungen mit einer sozial gestaffelten Gesellschaftsstruktur gesprochen werden; denn im Gegensatz zu den Bestattungen der älteren Villanova-Kultur, deren Beigaben ausgesprochen schlicht waren, läßt sich im Verlauf des 8. Jahrhunderts eine zunehmende Differenzierung zwischen einfachen und reichen Gräbern beobachten. Bei den Männergräbern fallen die große Anzahl und reiche Ausstattung von Soldaten auf, die, wie im Falle des sogenannten Kriegergrabes von Tarquinia, mit vollständiger Rüstung und Bewaffnung bestattet sind, was nur bedeuten kann, daß die Schicht der Krieger eine herausragende soziale Stellung einnahm. Die jüngere Stufe der Villanova-Kultur markiert den Zeitraum, in dem wir die Spuren der sich formierenden aristokratischen Gesellschaft finden, die sich nur wenig später, im frühen 7. Jahrhundert, durch die Anlage riesiger gentilizischer Tumulusgräber deutlich als solche artikuliert.

Schließlich ist schon seit langem beobachtet worden, daß das Verbreitungsgebiet der Villanova-Kultur weitgehend identisch ist mit jenem, ab dem frühen 7. Jahrhundert v. Chr. als Siedlungsgebiet der Etrusker überlieferten: das Kernland zwischen Tiber und Arno, Teile der Po-Ebene mit Bologna sowie in Kampanien die Zone um Capua mit der bedeutenden frühetruskischen Nekropole bei Pontecagnano (Abb. 2).

Der kurze Abriß zur Vor- und Frühgeschichte Etruriens sollte verdeutlichen, daß es zwar eine Abfolge von archäologisch unterschiedlich strukturierten Kulturen bzw. Kulturphasen gab, daß aber die Entwicklung – im Ganzen betrachtet –

doch ohne wesentliche Brüche verlief. Eine Einwanderung läßt sich demnach, vom archäologischen Befund her, nicht nachweisen: Die Etrusker traten, sich allmählich aus dem Dunkel der Vorzeit lösend, im Verlauf des 8. und frühen 7. Jahrhundert v. Chr. als geschlossene ethnische Einheit auf die damalige ‚Weltbühne'.

3. Schrift und Sprache

Als unmittelbare Folge der griechischen Kolonisation Unteritaliens, mit der Gründung von Pithekussai auf Ischia und von Kyme in Kampanien, kamen die Etrusker unter den dominierenden Einfluß der griechischen Kultur, der sie sich bereitwillig öffneten. So ist es auch nicht verwunderlich, daß die ältesten Sprachzeugnisse der Etrusker, aus der Wende vom 8. zum 7. Jahrhundert v. Chr., in einem Alphabet verfaßt sind, das dem der frühesten griechischen Kolonisten entspricht und aus deren Heimat, dem euböischen Chalkis, stammt: das sogenannte chalkidische Alphabet.

Aus dem 7. Jahrhundert v. Chr. sind einige etruskische „Musteralphabete" überliefert, wie die Schrifttafel aus Marsiliana d'Albegna im Hinterland von Vulci, die sämtliche griechischen Buchstaben enthalten. Bemerkenswert ist, daß die Etrusker in der Praxis nicht alle griechischen Buchstaben übernommen und verwendet haben, sondern nur diejenigen, die sie für die schriftliche Fassung ihrer Sprache benötigten. So wurden die Lautwerte für b, d, g und o, in der etruskischen Sprache nicht existent, in der Praxis auch nie verwendet. Statt dessen herrschte ein Mehrbedarf an Sibilanten, und dementsprechend wurden verschiedene s-Schriftzeichen eingeführt.

Von wenigen Ausnahmen abgesehen (z. B. ein F-Laut in der Form unserer heutigen Zahl 8), blieb es konsequent bei der Verwendung der griechischen Buchstaben, so daß das Lesen des Etruskischen nie Schwierigkeiten bereitet hat. Wie im Griechischen waren die einzelnen Buchstabenformen regional und zeitlich Veränderungen unterworfen. Ab der Mitte des

5. Jahrhunderts v. Chr. wurde außerdem auf die Wiedergabe kurzer Binnenvokale verzichtet (z.B. Menrva statt Menerva), weshalb die Sprachwissenschaft zwischen dem Alt- und dem Jungetruskischen unterscheidet.

Problematisch hingegen sind das Verständnis, d.h. das Übersetzen etruskischer Texte und die Rekonstruktion der etruskischen Sprache als Ganzes. Dem scheint zunächst zu widersprechen, daß die überwiegende Zahl der etwa 7 500 bekannten Inschriften entweder ganz oder doch weitgehend verständlich ist.

Des Rätsels Lösung liegt darin, daß es sich bei den meisten der Inschriften um extrem kurze Texte handelt, um Grabinschriften mit Namen und Alter der Verstorbenen oder um Besitzer- und Weihinschriften auf Gefäßen. Einige Beispiele:

1. Auf einer kleinen archaischen Amphora ist eingeritzt: *„mini usile muluvanice"*. Die Übersetzung lautet: „Mich stiftete Usil". Es handelt sich also um ein Geschenk. Wie im Griechischen spricht das Gefäß von sich in der ersten Person (*mini*). Der Stifter steht im Nominativ (*usile*). Es folgt das Verb in der Perfektform (*muluvanice*), so wie bei vielen anderen Inschriften auch.

2. Auf einem Steincippus aus dem nordetruskischen Cortona steht lapidar: *„tular rasnal"*. Beide Wörter sind aus anderen Zusammenhängen gut bekannt: *tular* als „Grenze" und *rasnal* als „etruskisch", entsprechend der Überlieferung bei Dionysios von Halikarnass, daß sich die Etrusker selbst *Rasenna* nannten. Also wurde der Cippus als „Grenzstein Etruriens" interpretiert. In anderem Zusammenhang wurde *rasnal* kürzlich als ethnisch im regionalen, nicht gesamtetruskischen Sinn gedeutet, was für die Cippusinschrift die überzeugendere Übersetzung als „Grenze des Gebietes von Cortona" ergäbe; denn weder existierte ein etruskischer Gesamtstaat, noch erscheint es sinnvoll, gerade bei Cortona eine Außengrenze Etruriens anzunehmen.

3. Auf einem spätetruskischen Sarkophag aus Tuscania heißt es: *„larisal larisalisla Θanachvilus calisnial clan avils huthzars"*. Es handelt sich um den verstorbenen Lar[is],

Sohn (*clan*) des Laris und der Tanachvil Calisnia. Er lebte 16 (?) (*huthzars*) Jahre (*avils*).

Diese Beispiele verdeutlichen, daß es einen begrenzten Wortschatz gibt, der, da häufig wiederkehrend, durchaus verständlich ist. Dabei handelt es sich um Namen von Personen und Göttern, um Verwandtschaftsbeziehungen, Zahl- und Altersangaben, bestimmte Bezeichnungen und Verben aus dem sakralen und sepulkralen Bereich sowie Gerät- und Gefäßformen, vereinzelt auch um Titel und Ämter. Nicht wenige Wortbedeutungen kennen wir auch aus Zitaten griechischer und lateinischer Autoren. Diese als „Glossen" bezeichneten Wörter sind allerdings nur selten, wie etwa *aiser* für „Götter", unmittelbar verwendbar und bedürfen, da in der Spätantike in ihrem ursprünglichen Sinngehalt nur noch annähernd verstanden, im Einzelfall der Überprüfung.

Hinsichtlich der Grammatik sind in den letzten Jahrzehnten große Fortschritte erzielt worden. Klar ist der agglutinierende Charakter der etruskischen Sprache mit der Vorliebe für angehängte Suffixe, wie auch die oben aufgeführten Beispiele verdeutlichen. Darüber hinaus sind die wesentlichen Flexionen der Nomina zu erkennen, wie beispielsweise Singular und Plural von *clan/clenar* (Sohn/Söhne) durch Anhängen einer -ar-Endung und (vereinzelt) Änderung des Binnenvokals, oder die Unterscheidung von Personen durch Erweiterung um eine i-Endung im Falle von Frauennamen: *Teitur* (männl.) – *Teituri* (weibl.).

Längere Texte bzw. solche mit ausgefallenem Wortschatz sind bis heute weitgehend unverständlich bzw. in der Deutung kontrovers. Das liegt vor allem daran, daß das Etruskische nach wie vor sprachlich isoliert ist und daher Vokabeln aus anderen Sprachen nur in sehr begrenztem Maße herangezogen werden können.

Dieses Forschungsdilemma hat das Etruskische zur Spielwiese von mehr oder weniger kompetenten Sprachforschern werden lassen, die sich sowohl um die „Entzifferung" als auch um die sprachliche Einordnung des Etruskischen bemüht haben. Die engste Verwandtschaft besteht indes, wie schon erwähnt, mit dem vorgriechischen Idiom der nordostägäischen Insel Lemnos, deren Sprachdenkmäler allerdings noch weitaus lückenhafter überliefert sind als die etruskischen.

Die Methodik zum Verständnis des Etruskischen hat sich naturgemäß im Laufe der Erforschung verändert und verfeinert. Zunächst dominierte die sogenannte etymologische Methode, bei der unbekannte etruskische Wörter mit ähnlich klingenden aus anderen Sprachen übersetzt wurden, ein Verfahren, das in erster Linie bei Lehnwörtern sinnvoll ist, das aber viele Unsicherheiten in sich barg und deshalb in Mißkredit geriet. So ist durch diese Art des Wort- bzw. Sprachvergleichs das Etruskische als mit vielen Sprachen verwandt erklärt worden, unter anderem mit dem Ägyptischen, Albanischen und Armenischen, dem Baskischen und Drawidischen, dem Finnisch-Ugrischen und Griechischen, dem Hethitischen und Kaukasischen, dem Lydischen und Lykischen sowie natürlich mit den benachbarten italischen Sprachen, ohne daß eine überzeugende Zuweisung gelungen wäre.

Sehr viel erfolgreicher war die von Alf Torp entwickelte Anwendung der kombinatorischen Methode, bei der versucht wurde, das Etruskische aus sich selbst heraus zu deuten, sei es durch den Vergleich der Texte untereinander, sei es durch Einbeziehung des jeweiligen archäologischen Kontextes.

Als dritte und jüngste ist die bilinguistische Methode zu nennen, bei der – in Verbindung mit der kombinatorischen Methode – die Struktur der Texte, besondere Formeln und charakteristische Ausdrücke mit denen artverwandter Texte aus bekannteren Sprachen wie dem Lateinischen, Umbrischen oder Griechischen verglichen werden.

Als 1964 in Pyrgi, einer der Hafenstädte von Cerveteri, drei Goldbleche mit Texten in etruskischer und phönikisch-punischer Schrift gefunden wurden, war die Hoffnung groß, endlich über eine längere Bilingue zu verfügen und damit das Etruskische besser verstehen zu können, so wie seinerzeit die Bilingue von Rosetta zur ‚Entzifferung‘ der ägyptischen Hieroglyphen beigetragen hatte. Doch stellte sich bald heraus, daß der semitische Text nur eine Zusammenfassung des längeren etruskischen war und sein Verständnis eher noch größere Schwierigkeiten bereitete als das Etruskische selbst.

Immerhin ist aber durch die Goldbleche doch ein wertvolles neues Dokument gewonnen, dessen Inhalt, über das rein Sprachliche hinaus, von höchster historischer und religionsgeschichtlicher Bedeutung ist. Denn unter anderem ist hier, im frühen 5. Jahrhundert v. Chr., mit dem Kultstifter Thefarie Velianas zugleich auch ein Königsname für Cerveteri überliefert, und wir erfahren ferner, daß die Hauptgöttin des Heiligtums, Uni, zugleich mit der phönikischen Astarte verehrt wurde, wir es also mit einem multikulturellen Heiligtum zu tun haben, was ein bezeichnendes Licht auf die engen Beziehungen zwischen Cerveteri und den Karthagern wirft.

Besonders gut sind wir durch die Schriftzeugnisse über das Namensystem der Etrusker informiert. Ähnlich wie im frühen Rom hatten die Bürger einen Vor- und einen Nachnamen, wobei letzterer uns anzeigt, daß es schon früh, spätestens um 700 v. Chr., in Etrurien ein gentilizisches Gesellschaftssystem gab, was im übrigen durch die Anlage der monumentalen Tumuli in derselben Zeit bestätigt wird. Dank der reichen Überlieferung an Namen ist die Onomastik derjenige Zweig der etruskischen Sprachforschung, der heute am weitesten entwickelt ist.

Neben den genannten kurzen Inschriften in Gräbern und auf Gefäßen und Geräten sowie den Goldtäfelchen aus Pyrgi gibt es einige wenige längere Texte liturgischen oder juristischen Inhalts. Der bedeutendste ist die Mumienbinde im Museum von Zagreb, ein merkwürdigerweise um eine ägyptische Mumie gewickeltes beschriftetes Leinentuch, das um die Mitte des 19. Jahrhunderts in das damalige Agram gelangte. Es handelt sich um ein ursprünglich knapp 3,50 m langes und 35 cm hohes „Buch" in der Art eines gefalteten Leinentuches (*Liber linteus*), wie es literarisch und auch von Darstellungen her für Etrurien überliefert ist. Auf mehreren „Seiten", d. h. auf wenigstens 12 senkrechten Kolumnen, steht ein sorgfältig aufgemalter spätetruskischer Ritualtext. In der Form eines Opferkalenders enthält er Angaben über Daten und Adressa-

ten für Kulthandlungen. Von den etwa 1 300 erhaltenen bzw.
aus dem Kontext erschließbaren Wörtern sind etwa 500 in
ihrer Bedeutung gesichert. Mehrfach erwähnt sind die Gottheiten Nethuns (Neptun), Veive (Veiovis) und Catha.

Offenbar gab es genaue Instruktionen für Art und Ablauf
von Kulthandlungen, worauf Wörter wie *vinum* (Wein) oder
thapna und *spanti* schließen lassen, die sich auf die Formen
der Kultgefäße beziehen und von zahlreichen Gefäßinschriften
her bekannt und damit identifizierbar sind.

Der Mumienbinde in Zagreb thematisch verwandt ist der
‚Tonziegel von Capua‘, der Ende des 19. Jahrhunderts über
den Antikenhandel in die Staatlichen Berliner Museen gelangte. Der 62 cm hohe und 48 cm breite, flache Dachziegel ist
gänzlich mit einem langen etruskischen Text versehen, der
nach Inhalt und Schriftzeichen in das frühe 5. Jahrhundert
v. Chr. gehören dürfte, als das etruskische Kampanien und
sein Zentrum Capua noch in voller Blüte standen.

Wie auf der Mumienbinde stehen genaue Anweisungen für
Opferhandlungen im Mittelpunkt. Die erwähnten Gottheiten,
wie Letham und Calu, sind allerdings der Unterwelt zuzuordnen, so daß es sich um ein funeräres Opferritual handeln dürfte, wie es für die *Libri Acherontici* überliefert ist. Bemerkenswert ist die mehrfache Erwähnung des Gentilnamens „Icni“ in
diesem Ritualtext: Dies spricht dafür, daß es sich um Kultvor-
schriften einer Gens, also um einen Familienkult handelt.

Ein bedeutendes Schriftdenkmal ist der ‚Cippus aus Perugia‘, ein auf der Vorder- und einer Schmalseite beschrifteter
Travertinblock von etwa 1,50 m Höhe. Der Text umfaßt in
24 Zeilen jeweils 20 bis 24 Buchstaben auf der Vorderseite
und in 22 Zeilen acht bis neun Buchstaben auf der linken
Schmalseite. Inhaltlich geht es um ein juristisches Abkommen
zwischen zwei Familien, den inschriftlich mehrfach genannten
Velthina aus Perugia und den Afuna (aus Cortona?). Gegenstand der Vereinbarung ist ein Vertrag über den Grenzverlauf
der Territorien beider Familien. Der aus der Wende vom 3.
zum 2. Jahrhundert v. Chr. stammende Cippus war ursprünglich als Grenzstein aufgestellt und vermutlich mit einem Bild-

werk des Silvanus-Terminus bekrönt, der als Schutzgott der Grenzen die Einhaltung des Vertrages überwachte.

Ein weiterer juristischer Text auf einer großen Bronzetafel ist kürzlich im Gebiet von Cortona ausgegraben worden. Er ist noch unpubliziert, dürfte aber wegen seiner Länge und seines reichen Wortschatzes für die Forschung von großer Bedeutung werden. Was der etruskischen Sprachforschung jedoch nach wie vor fehlt, ist eine echte Bilingue, ein längerer etruskischer Text mit einer wörtlichen Übersetzung in einer der bekannten Sprachen wie Griechisch oder Latein. Erst dann wird sich die Bedeutung vieler Wörter, die bisher aus dem Kontext nur ungefähr zu erschließen sind, genauer definieren lassen. Entsprechendes gilt für grammatische Fragen.

IV. Expansion, Blütezeit und Niedergang

1. See- und Landmacht

Nach Aristoteles gab es zwischen Karthagern und Etruskern Verträge zur Regelung des Handels, zur Wahrung des Friedens sowie über gegenseitigen militärischen Beistand. Diese sicher in archaische Zeit zu datierenden Vereinbarungen bildeten eine wichtige Voraussetzung dafür, daß Etrusker und Karthager, soweit die dürftige Überlieferung ein Urteil überhaupt zuläßt, in der Tat wirtschaftlich und militärisch eng zusammenarbeiteten, im konkreten Fall vorwiegend gegen die expandierenden Griechen. Offensichtlich gab es klar abgegrenzte Interessensphären, die von allen Seiten zu tolerieren waren. Für die Etrusker war dies vor allem das Tyrrhenische Meer zwischen der ligurischen Küste und Kampanien. Da die etruskischen Funde dort bis ins 8. Jahrhundert v. Chr. zurückreichen, ist mit einer starken Seemacht schon in dieser Zeit zu rechnen, die dann im 7. und 6. Jahrhundert zu einer militärischen und handelspolitischen Vormachtstellung ausgebaut wurde (Abb. 2).

Wurden diese abgesteckten Sphären und Vereinbarungen nicht respektiert, waren Konflikte vorprogrammiert, die Griechen sprachen in diesen Fällen von Piraterie, wenn unkontrolliert bzw. gegen ihre Interessen Handel getrieben oder auch Schiffe überfallen wurden. Frühe griechische und etruskische Darstellungen von Kampfschiffen mit mächtigen Rammspornen geben ein anschauliches Bild, mit welcher Raffinesse und Brutalität schon im 7. Jahrhundert v. Chr. Seegefechte im Mittelmeer ausgetragen wurden. Jedenfalls erscheinen in der griechischen Literatur die Tyrrhener geradezu sprichwörtlich als Piraten, so bei Ephoros (in Strabon VI 2, 2) vor der Küste Ostsiziliens angeblich schon vor der griechischen Kolonisation, im 7. Jahrhundert v. Chr. im homerischen Dionysos-Hymnus, wo sie als Räuber und Entführer des Dionysos bezeichnet wurden, oder anläßlich des Frauenraubes von Brauron, der zur kriegerischen Auseinandersetzung mit Athen führte. Die beiden letztgenannten Ereignisse spielten sich in der Ägäis ab und wurden, obwohl sie sich im Prinzip auf die frühen Bewohner der Insel Lemnos bezogen, gerne verallgemeinernd auf die Etrusker übertragen.

Das erste Ziel territorialer Expansion bzw. Kolonisation der Etrusker war Kampanien. Das antike Kampanien war nicht nur eine überaus fruchtbare Landschaft, sondern auch eine Drehscheibe des internationalen Handels, und so verwundert es nicht, daß hier sowohl Griechen als auch Etrusker nach Einfluß strebten. Grabfunde in Kampanien zeigen, daß es schon während der Villanova-Zeit im späten 8. Jahrhundert v. Chr. enge Kontakte mit Etrurien gab, besonders zu Veji und Cerveteri. Diese Verbindungen sollten sich im Verlauf des 7. und 6. Jahrhunderts noch deutlich verstärken, so daß von einer gezielten Kolonisierung weiter Gebiete Kampaniens durch die südetruskischen Städte gesprochen werden kann. Zentrum des etruskischen Kampanien war Capua, archäologisch bedeutsamer für die Frühzeit ist indes Pontecagnano, das reiche Grabausstattungen des 8. und 7. Jahrhunderts erbracht hat. Durch die unmittelbare Nähe zum griechischen Kyme waren Konflikte vorgegeben, die denn auch schon im späteren 6. Jahrhundert ausbrachen.

Die Verbindung nach Kampanien sicherte zum einen die starke Flotte aus Cerveteri, zum anderen erfolgte sie auf dem Landweg durch Latium, das zwar nie zum Siedlungsgebiet der Etrusker gehörte, aber politisch und kulturell in hohem Maße etruskisiert war, wie unter anderem die reichen Fürstengräber in Palestrina gezeigt haben, die denen von Cerveteri und Pontecagnano eng verwandt sind.

In das ausgehende 7. Jahrhundert v. Chr. ist der Beginn etruskischen Einflusses im Gebiet nördlich des Apennin zu datieren, wobei allerdings schon zuvor enge kulturelle Beziehungen bestanden, so mit Verucchio und Bologna, dem etruskischen Felsina, dessen Vorortnekropole Villanova den Namen für gemeinsame Erscheinungen der früheisenzeitlichen Kultur gegeben hat. Eine planmäßige Kolonisation im Gebiet nördlich des Apennin setzte erst im späten 6. Jahrhundert

v. Chr. ein, wie die Ausgrabungen von Marzabotto und der adriatischen Küstensiedlung Spina bezeugen. Nördlich des Po wurde mit Mantua das Zentrum eines angeblichen Zwölfstädtebundes, entsprechend der Organisation im Kerngebiet Etruriens, gegründet, der allerdings schon im 5. Jahrhundert v. Chr. durch den Ansturm der Kelten von Norden her zunehmend unter Druck geriet.

2. Handelspartner und Nachbarn

Phönikern und Griechen haben die Etrusker es zu verdanken, daß sie aus prähistorischer Bedeutungslosigkeit erwacht und in kurzer Zeit zum führenden Kulturvolk Mittelitaliens aufgestiegen sind. Der Hintergrund dieses kulturhistorisch für weite Teile Westeuropas entscheidenden Vorgangs war die Kolonisation des westlichen Mittelmeerraumes. Durch die Gründung eigener Siedlungen an den Küsten Nordafrikas, Spaniens und Italiens konnten Phöniker wie Griechen einerseits Bevölkerungsüberschüsse abbauen, andererseits neue Märkte für Rohstoffe bzw. wenig später auch Abnehmer für ihre Fertigprodukte gewinnen. Insbesondere die phönikischen Städte wie Tyros, Byblos und Sidon waren auf Exportüberschüsse angewiesen, da sie sich ihre Freiheit von Assyrien nur durch hohe Tributzahlungen erhalten konnten.

Auch die Etrusker profitierten von dieser Ausweitung des Mittelmeerhandels, an dem sie sich seit etwa der Mitte des 8. Jahrhunderts vor allem mit Eisenerz von der Insel Elba beteiligten, das seinerzeit nicht weniger wertvoll war als die Silberminen in Südspanien, um die sich besonders die Phöniker bemühten. Wichtig für das Verständnis dieser Frühphase in den Beziehungen zwischen Griechen und Etruskern ist, daß die älteste und zugleich nördlichste der neuen griechischen Kolonien, das griechisch-euböische Pithekussai auf der Insel Ischia, sich in Kampanien und nicht in Etrurien selbst befand. So stand die Ausbeutung der etruskischen Minen wahrscheinlich unter einheimischer Kontrolle, wie auch die gesamte Küstenlinie von Etrurien und Latium. Die Handelsbeziehungen zwischen Griechen und Etruskern beruhten also zunächst auf einer friedlichen, beiden Partnern gleichermaßen nützlichen Basis.

In der Tat zeigt die Entwicklung in Etrurien, daß mit dem Auftreten der frühen Kolonisten ein bedeutender kultureller Aufschwung verbunden war, der schon im 8. Jahrhundert v. Chr. Tarquinia und wenig später Vulci und Cerveteri erfaßte. Aus dieser Zeit datieren die ersten etruskischen Inschriften, bezeichnenderweise in griechisch-euböischem Alphabet, und ebenfalls aus Euböa stammt die älteste importierte Tonware, die allerdings schon bald in Etrurien nachgeahmt und weiterentwickelt wurde.

Aus Phönikien bzw. Zypern und Nord-Syrien importiert wurden kostbares Metallgerät und Elfenbeinschmuck. Auch hier ist zu beobachten, wie die Wirkung auf das einheimische Kunsthandwerk rasch einsetzte. So ist etwa die älteste Großplastik in Cerveteri ganz orientalisch geprägt, und die Goldschmiedekunst mit ihrer überaus schwierigen Technik der Granulation und des Filigran können die Etrusker nur direkt von orientalischen Goldschmieden erlernt haben (Abb. 16).

Diejenigen Griechen, die wir in dieser frühen Phase in Etrurien fassen können, sind deshalb fast zwangsläufig mit dem Handel und der Kunst verbunden: Vor der Mitte des 7. Jahrhunderts v. Chr. sind es der Vasentöpfer und -maler Aristonothos, der in Cerveteri eine eigene Keramikwerkstatt eröffnete, sowie der etwa gleichzeitig in Tarquinia eingewanderte korinthische Adlige Demaratos, der dort die Kunstentwicklung bestimmte. Im frühen 6. Jahrhundert v. Chr. schließlich hinterließ der reiche Kaufmann Sostratos aus Ägina in Gravisca, dem Haupthafen von Tarquinia, einen steinernen Votivanker mit einer Weihinschrift an den Gott Apoll.

Naturgemäß sind es in erster Linie die Hafenstädte, in denen sich Ausländer aufhielten: So begegnen vor allem die Namen der angerufenen Gottheiten wie Hera und Aphrodite neben den Inschriften von Weihenden und den einheimisch-etruskischen Götternamen in den großen Heiligtümern von Cerveteri und Tarquinia. Bedeutsam in diesem Zusammenhang sind auch die erwähnten in Etruskisch und Punisch beschrifteten Goldtäfelchen aus Pyrgi, da sie in offizieller Form die Verehrung der phönikischen Astarte im Heiligtum der etruskischen Uni dokumentieren.

Sehr eng waren in der Frühzeit offenbar die handelspolitischen und kulturellen Beziehungen zu den Griechen Unteritaliens, zu denen des Mutterlandes (Korinth, Athen) und des ionischen Kleinasien (Milet). Dabei ist zu bedenken, daß die Etrusker, wie oben ausgeführt, keineswegs als Nation auftraten, sondern, vergleichbar den Genuesen und Venezianern im Mittelalter, als einzelne Stadtstaaten, so daß wir dementsprechend von individuellen Beziehungen auszugehen haben. Erhellend in diesem Zusammenhang ist die Anekdote, daß nach der brutalen Zerstörung des reichen großgriechischen Sybaris durch das benachbarte Kroton im Jahr 510 v. Chr. die Einwohner von Cerveteri und Milet in tiefer Trauer gewesen seien, weil beide Städte – nicht zuetzt aus wirtschaftlichen Gründen – besonders freundschaftlich mit Sybaris verbunden waren. Sehr wahrscheinlich werden in diesem oder ähnlichen Fällen Flüchtlinge aus den befreundeten Städten aufgenommen und in ihrer neuen Heimat, je nach ihrem sozialen Rang und ihren künstlerischen und geistigen Fähigkeiten, rasch integriert worden sein und das dortige kulturelle Leben mitgestaltet haben.

Umgekehrt sind auch deutliche etruskische Spuren im griechischen Mutterland vorhanden. Abgesehen von den genannten „tyrrhenischen Seeräubern", die schon sehr früh das Ägäische Meer unsicher gemacht haben sollen und die neuerdings mit den Bewohnern der Insel Lemnos in Zusammenhang gebracht werden, gibt es eine Reihe von archäologischen und historischen Zeugnissen. Von besonderem Gewicht sind dabei kleine Votivschilde der Villanova-Zeit aus dem Zeusheiligtum von Olympia, da sie auf eine enge kulturelle und religiöse Vertrautheit zwischen Griechen und Etruskern schon im 8. Jahrhundert v. Chr. schließen lassen. Dabei dürften, neben den schon genannten Händlern, in erster Linie die Adligen eine entscheidende Rolle gespielt haben: So heißt es bei Pausanias

(V 12, 5), daß ein etruskischer König namens Arimnestos der erste Nichtgrieche gewesen sei, der dem olympischen Zeus ein offizielles Weihgeschenk, nämlich seinen Thronsitz, gestiftet habe.

Noch bedeutsamer für die Beziehungen zwischen Griechen und Etruskern ist allerdings die Nachricht, daß die Caeretaner ein eigenes Schatzhaus im heiligen Bezirk von Delphi besaßen, ein Privileg, das normalerweise nur Griechen zustand. Nichts verdeutlicht mehr die tiefe Verbundenheit der Etrusker mit der griechischen Welt. Und so lag es auch nahe, daß die Caeretaner das delphische Orakel um Rat fragten, als sie, nach der frevelhaften Steinigung griechischer Gefangener im Anschluß an die Seeschlacht vor Alalia (um 535 v. Chr.), mit Lähmung und Verstümmelung geschlagen waren und die Künste der eigenen Priester versagt hatten (Herodot I 167).

Wie sehr die Etrusker schon im 7. Jahrhundert v. Chr. griechische Kultur assimiliert hatten, zeigt sich auch im Bereich der Mythologie: Griechische Sagen waren nicht nur Stoffe für dekorative Bildmotive (Abb. 10). Anders als wir Heutige etwa die Epen des Homer inhaltlich nachvollziehen können, waren sie vielmehr für die Etrusker integraler Bestand ihrer Geisteswelt, so daß die griechischen Sagen, besonders die ,Ilias' und die ,Odyssee', wie in der griechisch sprechenden Welt als Teil einer gemeinsamen heroischen Vergangenheit galten. Schließlich spielten sich griechische Sagen, u. a. die ,Odyssee', z.T. in Italien ab, ja Etrurien selbst war Schauplatz der Wanderung des Herakles auf seiner Rückkehr aus Spanien.

Vor diesem Hintergrund wird auch verständlich, warum viele der italischen und etruskischen Siedlungen als Gründungen griechischer Helden des mykenischen Zeitalters galten und danach benannt waren, wie z.B. Talamon. So erklärt sich auch die Unbefangenheit, mit der die Etrusker in ihren Gräbern entscheidende Elemente der griechischen Unterwelt darstellen konnten, wie etwa die Unterweltsherrscher Hades und Persephone (als Aita und Phersipnai), die zusammen mit homerischen Helden in der Tomba dell'Orco von Tarquinia oder zusammen mit den verstorbenen Vorfahren in der Tomba Golini in Orvieto vorkommen. Ebenso wie die griechischen Heroen und Mythen Teil des etruskischen Selbstverständnisses waren, so war die Unterwelt der Griechen auch die der Etrusker.

Ähnlich bedeutsam wie das Verhältnis zu den Griechen – wenn auch anders geartet – war jenes zu den italischen Nachbarn im Süden. Rom und Etrurien, Latiner und Etrusker scheinen von Beginn an eng miteinander verbunden, ohne daß dieses Verhältnis notwendigerweise schwierig gewesen sein muß, wie dies, vom Ende her betrachtet, vermutet werden könnte. Wenn in der Folge Rom und nicht Etrurien Ausgangspunkt der gegenseitigen Beziehungen ist, dann liegt das einzig an der antiken, allein auf Rom konzentrierten Überlieferung.

Im beginnenden ersten Jahrtausend war Rom eher seinen latinischen Nachbarn im Süden zugewandt, einer Kultur mit dem Zentrum im Gebiet des Albanersees, auch wenn eindeutige Beziehungen zur Villanova-Kultur Etruriens nachzuweisen sind.

Schon die Lage Roms, in beherrschender Position zur Tibermündung mit der Kontrolle über die Salinen im Bereich des späteren Hafens Ostia und im Kreuzungspunkt der wichtigen Landverbindungen zwischen Etrurien und Kampanien sowie zwischen Tyrrhenischem und Adriatischem Meer, sicherte der zunächst bescheidenen Gründung des Romulus eine bedeutende Zukunft. Bevor es allerdings soweit war, mußten erst die verstreut auf einzelnen Hügeln liegenden Kleinsiedlungen zu einem organischen Ganzen vereinigt werden. Dieser Prozeß der Stadtwerdung Roms, mit der Schaffung des Forum Romanum als neuem städtischem Mittelpunkt und politischem Zentrum, scheint sich im 7. Jahrhundert v. Chr. vollzogen zu haben, als die zuvor zum Teil noch sumpfige Senke zwischen Kapitol, Palatin, Velia und Quirinal trockengelegt werden konnte. Bezeichnenderweise wird diese Bauleistung, die Anfänge der späteren Cloaca maxima, von den antiken Autoren etruskischen Ingenieuren zugeschrieben.

Im 6. Jahrhundert v. Chr. – die Siedlung am Tiber war inzwischen durch Zuwanderer und Zwangsumsiedlungen zu einem der volkreichsten Zentren Mittelitaliens aufgestiegen – kann Rom, kulturell gesehen, fast als etruskische Stadt bezeichnet werden: Zum einen herrschten mit Tarquinius Priscus, Servius Tullius und Tarquinius Superbus nacheinander drei etruskische Könige, und wahrscheinlich gehen auf sie die äußeren Symbole des Königtums wie Triumph- und Machtinsignien (*lituus*, *sella curulis*, Ornat) zurück. Zum zweiten ist auch die Kunstentfaltung, insbesondere die der Plastik und der Ausschmückung der Tempel, von der Etruriens kaum zu unterscheiden. Um so glaubhafter ist die Überlieferung, daß für das Kultbild des neu geschaffenen kapitolinischen Jupitertempels Künstler aus dem etruskischen Veji herangezogen wurden, weil Rom über eine gleichwertige Tradition noch nicht verfügte.

Andererseits wäre es aber falsch, den Blick auf Etrurien und Rom allein zu verengen. Die für das 6. Jahrhundert v. Chr. charakteristische offene Gesellschaftsstruktur ergab für Rom nicht nur die Möglichkeit, Fremde zu Königen zu machen, sondern sie ermöglichte auch Innovationen gleich welcher Art. Bestes Beispiel ist der genannte Jupitertempel auf dem Kapitol, ein Bauwerk von riesigen Ausmaßen (53 m Frontbreite), mit dem die etruskischen Könige Roms in Wettstreit traten mit den Tyrannen und Stadtstaaten der griechischen Welt wie Samos, Ephesos oder Athen.

Typisch für diese Phase sind auch die frühesten aus Rom bekannten Inschriften: lateinisch, sofern offiziell, wie der Cippus unter dem Lapis niger des Forum Romanum, etruskisch, wie private Weihungen im Tempel des Servius Tullius auf dem Forum Boarium in Rom. Unter ihnen findet sich z.B. eine beschriftete Elfenbeinscheibe in Löwenform, die ein etruskischer Adliger der Kultgottheit geweiht hat. Sein Name, Aranth Silquetanas Spurianas, verweist auf eine der führenden Familien von Tarquinia, eben die Spuriana/Spurinna, für die noch in der frühen Kaiserzeit im Zentrum von Tarquinia ein Familiendenkmal, die ‚Elogia Tarquiniensia‘, errichtet wurde.

Wie ‚etruskisch‘ Rom in der Königszeit war, erhellt auch aus einer Notiz am Rande (Theophrast, Hist. Plantarum 5, 8, 2), aus der hervorgeht, daß Rom schon im späten 6. Jahrhundert v. Chr. daran dachte, mit Hilfe der Flotte aus Cerveteri auf Korsika eine „überseeische" Kolonie zu gründen, ein Plan, der aber offensichtlich nicht realisiert wurde.

Die dritte der großen etruskischen Nachbarsiedlungen, mit der Rom in engem Kontakt stand, war das zunächst gelegene Veji. Ursprünglich trennte der Tiber beide Territorien, etruskische Kammergräber in Sant'Onofrio nordwestlich des Vatikan bezeugen dies noch für das 6. Jahrhundert v. Chr. Aber möglicherweise schon unter den Tarquiniern gelangten Teile des jenseitigen Tibergebietes an Rom, wodurch Veji sowohl die Kontrolle über den Flußhandel als auch die direkte Verbindung zum Meer verlor, Einbußen, die notwendigerweise die Ursache zukünftiger Konflikte werden mußten.

Mit der Vertreibung des Tarquinius Superbus, des letzten der Tarquinierkönige, aus Rom und dem Beginn der römischen Republik im Jahr 509/8 v. Chr. trat zunächst allerdings noch ein anderer etruskischer Stadtstaat in direkten Kontakt mit Rom. Es war das mitteletruskische Chiusi mit seinem König und Heerführer Laris Porsenna. Um ihn ranken sich, von den späteren römischen Autoren überliefert und ausgeschmückt, zahlreiche Anekdoten, die den tapferen Widerstand der Römer gegen diesen Belagerer zum Gegenstand haben. Zum Beispiel die Geschichte des römischen Ritters Mucius Scaevola, der vor den bewundernden Augen der etruskischen Feinde seine Hand verbrannte oder die tapfere Cloelia, Tochter des ersten Konsuls und Gründers der Republik, die dem Porsenna zweimal als Geisel übergeben wurde und ihn durch ihre mutige Flucht tief beeindruckte (Livius 2, 12, 1–13, 6). Hinter diesen Heldentaten verstecken sich, wie die heutige Forschung annimmt, für das damalige Rom weniger ehrenhafte Erfahrungen, nämlich die Einnahme der Stadt durch das Heer des Porsenna sowie harte Auflagen, darunter das Verbot, Eisen einzuschmelzen und zu verarbeiten, was praktisch einer Entwaffnung gleichkam.

Auch mit den Völkern nördlich und westlich der Alpen scheinen die Etrusker schon früh in engem Handelskontakt gestanden zu haben. Ausgrabungen an der südfranzösischen Küste (St. Blaise, Marseille u. a.) haben in Siedlungsschichten des späten 7. und frühen 6. Jahrhunderts v. Chr. in bemerkenswerten Mengen Fragmente etruskischer und griechischer Keramik zutage gebracht. Die Nähe von St. Blaise zur Rhonemündung läßt darüber hinaus vermuten, daß schon damals ein reger Binnenhandel entlang des Flusses in das Landesinnere betrieben wurde, worauf auch entsprechende Kleinfunde, wie etwa in Bourges, hindeuten.

Über die Art dieses frühen Handels können wir vorerst nur Vermutungen anstellen. Immerhin befindet sich unter der Importkeramik neben Buccheroware eine ungewöhnlich große Anzahl von Fragmenten etruskischer Amphoren, die als Transportbehälter für Wein gedient haben. Demnach hätten die nördlichen Völker der Ligurer und Kelten in großem Umfang Wein aus Etrurien eingeführt. Das Handelsgut in umgekehrter Richtung ist noch unbekannt; die Ausfuhr von Salz, wie später in römischer Zeit und im Mittelalter über Arles ist nur eine von mehreren Möglichkeiten.

Eine Folge dieser frühen Handelskontakte mit den ligurischen und keltischen Völkern ist, um 600 v. Chr., die Gründung von Massalia/Marseille durch griechische Siedler aus Phokäa im westlichen Kleinasien. Negative Auswirkungen auf die bestehenden engen Handelskontakte mit Etrurien hatte diese Niederlassung nicht. Im Gegenteil gelangten in der Folge vermehrt griechische und etruskische Produkte über nunmehr feste Routen rhoneaufwärts bis weit nach West- und Zentraleuropa. Dort finden sich in Wohnsiedlungen wie in reich ausgestatteten Kammergräbern attische Keramik und griechische Bronzearbeiten, so der reich verzierte Krater von Vix (Burgund) oder der Löwenkessel von Hochdorf in Württemberg. Daneben treffen wir auf zahlreiche etruskische Importwaren, vorwiegend Metallfibeln und Bronzegefäße, wie die später von den Kelten imitierte bzw. weiterentwickelte Schnabelkanne.

Ohne Übertreibung können wir davon ausgehen, daß die Kunst der Kelten seit der Mitte des 5. Jahrhunderts v. Chr.

(die sog. Latène-Kultur) weitgehend auf den Erkenntnissen und technischen Erfahrungen aufbaute, die durch die ständigen Kontakte mit den Mittelmeerkulturen, insbesondere mit den Griechen und Etruskern, gekennzeichnet waren. Noch wissen wir zu wenig über die Siedlungsstrukturen der keltischen Frühzeit (der sog. Hallstatt-Zeit), doch mag die für den Bereich nördlich der Alpen bislang einzigartige Umwallung der Heuneburg bei Sigmaringen aus luftgetrockneten Lehmziegeln als deutlicher Hinweis auf diese Beziehungen zu verstehen sein.

In denselben frühen Zeitraum, nämlich das 6. Jahrhundert v. Chr., gehört nach Livius ein erster kriegerischer Einfall von Kelten nach Norditalien, in die von Etruskern beherrschte Po-Ebene zwischen Alpen und Apennin. Früher bezweifelt, ist diese Nachricht vielleicht doch ernst zu nehmen, zumal jetzt aus Orvieto die Grabinschrift eines Avile Katakina bekannt wurde, dessen Nachname sich möglicherweise vom keltischen Wort „catac" herleitet. Wir hätten es demnach mit einem etruskisierten Kelten zu tun, der entweder selbst, und dies schon um etwa 600 v. Chr., in Etrurien heimisch und naturalisiert wurde oder sogar von einem noch früher eingewanderten keltischen Vorfahren abstammte.

Historisch gesichert sind die Einfälle und das Seßhaftwerden von Kelten in Norditalien seit dem späteren 5. Jahrhundert v. Chr. Hier wurden bestehende einheimische Siedlungen der Ligurer, Veneter und anderer italischer Völker, aber auch die etruskischen Siedlungen und Kolonien entweder vernichtet oder keltisiert, und von ihrem Siedlungsschwerpunkt an der Adria südlich des Po aus drangen die Kelten bzw. die einzelnen keltischen Stämme der Gallier zum Schrekken der italischen Völker in verheerenden Zügen nach Süden vor. Dies geschah keineswegs immer so unkontrolliert, wie früher vermutet, vielmehr scheinen die Kelten die innenpolitischen Verhältnisse in Italien vorzüglich gekannt und für ihre Zwecke ausgenutzt zu haben. So wissen wir von weiträumigen militärischen Operationen und entsprechenden Bündnissen etwa mit dem aufstrebenden Syrakus oder auch mit dem etruskischen Chiusi, in diesem Fall auf Kosten von Rom, das im Jahr 386 v. Chr. vom gallischen Heerführer Brennus eingenommen wurde.

3. Die Auseinandersetzung mit den Griechen

Während die Gründung von Marseille um 600 v. Chr. durch die ostgriechischen Phokäer offensichtlich die guten Handelskontakte zwischen Griechen und Etruskern im Gebiet der Rhonemündung nicht belastete, wurde eine andere Koloniegründung der Phokäer für die Etrusker auf die Dauer zu einer schweren Belastung und führte schließlich zum Eklat.

Um 565 v. Chr. hatte sich eine Gruppe von Phokäern im Osten der Insel Korsika angesiedelt und dort mit Alalia eine neue Kolonie gegründet. Damit war aber nicht nur eine wichtige Zwischenstation im Handel mit Marseille gewonnen, sondern auch die Interessensphäre der etruskischen Seemächte unmittelbar berührt, lag doch Alalia der Tyrrhenischen Küste direkt gegenüber (Abb. 2). Während der ersten Zeit scheint das Verhältnis zwischen Phokäern und Etruskern friedlich gewesen zu sein. Das änderte sich freilich in dem Augenblick, als die Phokäer in ihrer kleinasiatischen Heimat durch die Perser so stark unter Druck gerieten, daß ein Großteil der Bevölkerung sich eine neue Heimat suchte. Als die Phokäer um 540 v. Chr. schließlich die schon bestehende Siedlung Alalia ausbauten und massiv in den Handel des Tyrrhenischen Meeres eingriffen, schlossen sich, wie Herodot (I 166–167) berichtet, Karthager und Etrusker zusammen und griffen um 535 v. Chr. mit angeblich 120 Schiffen die Kriegsflotte der Phokäer vor Alalia an. Aus dem Seegefecht gingen die Phokäer laut Herodot zwar als Sieger hervor, doch verloren sie vierzig ihrer sechzig Kampfschiffe, und auch die verbliebenen zwanzig waren so stark beschädigt, daß sie nicht mehr kampftüchtig waren. Darauf entschlossen sie sich, Alalia aufzugeben und sich in Unteritalien im griechischen Umfeld anzusiedeln, wo sie mit Elea, dem späteren Velia, eine neue Kolonie gründeten.

Nach der Aufgabe Alalias war die Vormachtstellung der Etrusker, zumindest im nördlichen Teil des Tyrrhenischen Meeres, wiederhergestellt. Möglicherweise ist es kein Zufall, daß das nächste überlieferte historische Datum, 524 v. Chr., von Kampfhandlungen zwischen Etruskern und jener griechischen Stadt berichtet, die inzwischen zur Hauptmacht Kampaniens und des südlichen Teils des Tyrrhenischen Meeres aufgestiegen war: Kyme, die älteste Kolonie der Griechen auf dem italischen Festland. Dionysios von Halikarnass (VII 3–4) berichtet von einer etruskisch-italischen Koalition von 500 000 Fußsoldaten und 18 000 Reitern, die gegen Kyme aufmarschierte und nach erbitterten Kämpfen, vor allem dank dem Geschick des späteren Tyrannen von Kyme, Aristodemos, zurückgeschlagen werden konnte. Selbst wenn die genannten Zahlen der Angreifer, wie in der Antike üblich, erheblich übertrieben sein sollten, muß es sich um ein für die Etrusker und verbündeten Italiker wichtiges Ereignis gehandelt haben: Ziel dieser Aktion war zweifellos, wie im Falle von Alalia, die Vernichtung dieses wichtigen Handelskonkurrenten.

Mit dieser Niederlage war die Vorherrschaft der Etrusker in Kampanien jedoch noch nicht in Frage gestellt. Im Gegenteil blühten, wie die archäologischen Funde zeigen, an der Wende vom 6. zum 5. Jahrhundert v. Chr. die etruskischen Zentren unter der Vormacht von Capua erst richtig auf. Allerdings bahnte sich mit der Niederlage von 525 doch das Ende der etruskischen Expansion an.

Weitere, für die geschichtliche Entwicklung Italiens und Etruriens wichtige Ereignisse folgten im letzten Jahrzehnt des 6. Jahrhunderts. Zum einen die Zerstörung des unteritalischen, mit Etrurien eng verbundenen griechischen Sybaris durch den Nachbarn Kroton im Jahr 510, durch die das Handelsgleichgewicht empfindlich gestört wurde, zum anderen die Vertreibung der etruskischen Tarquinier-Dynastie aus Rom. Dieses, traditionell 509/8 datierte Ereignis hatte das Eingreifen des militärisch in Mittelitalien dominierenden Laris Porsenna, des Herrschers von Chiusi, und seines Sohnes Arruns zur Folge, die sich, im Anschluß an die erfolgreiche Einnahme

Roms, offiziell um die Wiedereinsetzung der Tarquinier in Rom bemühten, darüber hinaus aber nach der Hegemonie über Latium strebten. Dabei kam es, im Jahr 504, zu einer schweren Niederlage des Arruns beim latinischen Aricia gegen eine Koalition von Latinern und Kymäern.

Diese Ereignisse, die wir in Kampanien und Latium dank der Überlieferung durch griechische Historiker fassen können, müssen offensichtlich in größerem Zusammenhang gesehen werden. Abgesehen von der Beobachtung, daß auch im Inneren Etruriens in der Zeit um 500 v. Chr. militärische Auseinandersetzungen stattgefunden haben, die wir bisher nur durch Zerstörungshorizonte oder die Aufgabe bestimmter Siedlungen archäologisch erschließen können, waren es wieder Ereignisse an der östlichen Peripherie des Mittelmeergebietes, die bis in den Westen hineinwirkten und die Geschichte der Folgezeit wesentlich mitbestimmten.

Als im Jahr 480 v. Chr. der persische König Xerxes von Kleinasien aus Griechenland zu Land und zu Wasser bedrohte, hielten die Karthager dies für den geeigneten Zeitpunkt, sich weiterer Teile Siziliens zu bemächtigen. Doch rief ihr Angriff auf Himera das mächtige Syrakus auf den Plan, und die Aktion endete in einer aus karthagischer Sicht furchtbaren Katastrophe. Nach den Angaben des Diodor sollen nur wenige der 300 000 Karthager überlebt haben und in ihre Heimat zurückgekehrt sein. Aus Furcht vor einem Angriff auf Karthago selbst waren die Punier sogar bereit, Reparationsleistungen in Höhe von 2 000 Talenten Silber zu leisten, mit denen unter anderem der Bau des Tempels von Himera finanziert wurde, dessen Ruinen bis heute die Erinnerung an den historischen Sieg der Griechen bewahrt haben.

Der bedeutendste und folgenreichste Sieg der Griechen im westlichen Mittelmeer aber stand erst noch bevor. 474 v. Chr. kam es bei Kyme zu einer Seeschlacht zwischen Etruskern auf der einen und einer Koalition von Kyme und Syrakus auf der anderen Seite. Sie endete mit einem totalen Sieg der Griechen, von Pindar überschwenglich als Befreiung Griechenlands aus drückender Knechtschaft gefeiert. Vom Sieger Hieron von

Syrakus sind zwei erbeutete etruskische Helme überliefert, die er als Weihung an Zeus nach Olympia gestiftet hat.

Diese Niederlage zur See hatte für die Etrusker insofern verheerende Folgen, als neben dem Verlust der Seeherrschaft zugleich auch der Landweg nach Kampanien zusehends außer Kontrolle geriet. So ließ ihr Einfluß auf Rom deutlich nach, wie das fast völlige Fehlen etruskischer Namen in den dortigen Konsularlisten ab 474 v. Chr. verdeutlicht, überdies strebten auch die Latiner selbst nach mehr Unabhängigkeit, sahen sich aber ihrerseits mit den Bergvölkern des Apennin neuen Gegnern gegenüber, die, wie die Äquer und Volsker, seit dem späteren 6. Jahrhundert v. Chr. in immer neuen Schüben in die fruchtbaren Ebenen vorstießen. Kurzum, der etruskische See- und Landverkehr mit dem Süden erlitt erhebliche Einbußen, so daß im 5. Jahrhundert v. Chr. die Entwicklung der etruskischen Küstenstädte, aber auch die Roms stagnierte, ja sogar deutlich rückläufig war.

Die grundlegende Veränderung der politischen Landschaft verdeutlicht auch ein Ereignis, das zwar nur am Rande erwähnt wird, aber ein bezeichnendes Licht auf das neue Kräfteverhältnis wirft: Im Jahr 384 v. Chr. plünderte Dionys von Syrakus anläßlich einer Seefahrt nach Korsika mit seiner Flotte das bedeutende Küstenheiligtum von Pyrgi im Territorium von Cerveteri und kehrte mit überaus reicher Beute heim, ohne daß die Etrusker in der Lage gewesen wären, diesen Raubzug zu verhindern oder zu rächen. Zu schwach war offensichtlich schon die einst mächtigste Flotte des Tyrrhenischen Meeres, das nunmehr vor allem von Süditalien aus kontrolliert wurde.

4. Die Romanisierung Etruriens

Die literarischen Nachrichten über das Verhältnis Roms zu den etruskischen Stadtstaaten ab dem 5. Jahrhundert v. Chr. sind zwar, dank der Überlieferung vor allem des Geschichtswerks von Titus Livius, reichlich vorhanden, jedoch als sehr problematisch einzustufen. Nicht nur werden hier die Ereignisse allein aus römischer Sicht gesehen, sie sind auch höchst parteilich geschildert, indem die Etrusker meist als die Aggressoren dargestellt werden. Hinzu kommen maßlose Übertreibungen, falsche Informationen, Vorlieben und Abneigungen gegen bestimmte Personen. Besonders schmerzlich sind die fehlende etruskische Überlieferung sowie die Tatsache, daß die griechischen Historiker sich für die etruskisch-römischen Beziehungen naturgemäß nicht sonderlich interessierten.

Die Geschichte Roms, wie auch die Etruriens, wird im 5. Jahrhundert v. Chr. eher blasser und unübersichtlicher als zuvor. Grund dafür ist die politische und wirtschaftliche Krise, die insbesondere die mittelitalischen Küstenstädte erfaßte. Erst gegen Ende des 5. Jahrhunderts entwickelte Rom wieder jene expansiven Kräfte, die es in der Folge zur Weltmacht werden ließen.

Im Jahr 396 v. Chr. wurde, nach längerer Belagerung und nach vorhergegangenen Kämpfen um die Grenzfeste Fidenae, der unmittelbare Nachbar und Rivale Roms, das einst mächtige etruskische Veji, erobert und vernichtet, sein Territorium dem römischen Gebiet zugeschlagen. Die Eroberung bedeutete aber nicht den entscheidenden Sieg gegen das etruskische Nachbarvolk. Vielmehr ergab sich die ungewöhnliche Situation, daß Roms Vorgehen gegen Veji von den etruskischen Stadtstaaten Cerveteri und Chiusi durchaus gebilligt wurde. So traten nicht Römer gegen Etrusker an, sondern die Auseinandersetzung verfolgte wirtschaftliche und politische Interessen, in denen Rom sich von seiten der etruskischen Nachbarn durchaus unterstützt wußte.

Als 386 v. Chr. der Gallier Brennus mit seinen Truppen Rom angriff, schafften die erschreckten Römer das Allerheiligste der Stadt, die *Sacra* und die sibyllinischen Bücher, nicht in einen der latinischen Nachbarorte, sondern in das etruskische Cerveteri. Und kurz darauf, als die siegreichen Truppen der Gallier von Rom aus nach Norden zogen, gelang es den Caeretanern, den Galliern ihre Beute wieder abzunehmen und den Römern zurückzugeben.

Wie eng und freundschaftlich die Beziehungen zwischen beiden Städten im 4. Jahrhundert noch waren, geht auch daraus hervor, daß die vornehmen Römer ihre Kinder zur Ausbildung in griechischer (!) Sprache vorzugsweise nach Cerveteri schickten. Angesichts dieser gutnachbarlichen Beziehungen erstaunt es nicht, wenn die Bewohner von Cerveteri als erste Etruriens im Jahr 335 v. Chr. mit der *civitas sine suffragio* den Status von römischen Halbbürgern erhielten, der sie – abgesehen vom Stimmrecht in Rom – in juristischer und gesellschaftlicher Hinsicht mit römischen Bürgern gleichstellte. Diese in der Forschung hoch bewertete Auszeichnung bedeutete allerdings gleichzeitig auch einen Wendepunkt in der Geschichte und im Verhältnis dieser beiden mächtigen Nachbarn: Denn erstmals war nun das Gleichgewicht gestört, wurde Rom zum bestimmenden Faktor. Für die Caeretaner zeigte es sich auch nur wenig später auf recht schmerzhafte Weise, daß die Vergabe des Bürgerrechts de facto nichts anderes als einen ersten, noch verdeckten Anschlag auf die Freiheit der Stadt bedeutete.

Eine angebliche Verschwörung gemeinsam mit Tarquinia gegen Rom diente als geeigneter Vorwand, die Partnerschaft aufzukündigen. Um den angedrohten kriegerischen Auseinandersetzungen zu entgehen, trat Cerveteri einen Teil seines Territoriums an Rom ab, und seit 273 v. Chr. wurde mit der Gründung der römischen Kolonien von Fregenae, Alsium, Pyrgi und Castrum novum längs der Caeretaner Küste das südetruskische Gebiet faktisch der Kontrolle Roms unterstellt. Offensichtlich dachten die Römer schon weiter: Denn in diese Zeit, ab 264, fällt der Beginn des 1. Punischen Krieges gegen Karthago, und die Absicherung eines großen Teils der Tyrrhenischen Küste bildete eine wesentliche Voraussetzung für den erfolgreichen Abschluß dieser Auseinandersetzung.

Doch nicht alle etruskischen Städte ergaben sich kampflos in ihr Geschick. Tarquinia, der nördliche Nachbar von Cerveteri, war ab dem späten 5. Jahrhundert v. Chr. zur mächtigsten Stadt Etruriens aufgestiegen. Schon im frühen 4. Jahrhundert kam es zu heftigen kriegerischen Auseinandersetzungen mit Rom und in den Jahren 394 und 388 zur Abtretung der Grenzfestungen Cortuosa und Contenebra, deren Lage im

Hinterland von Tarquinia bisher nicht zu lokalisieren ist. Bemerkenswert ist die zeitliche Übereinstimmung dieser Ereignisse mit der Eroberung von Veji im Jahr 396: Sie verdeutlicht, daß der Kriegsanlaß nicht allein eine Provokation von seiten der Vejenter gewesen sein dürfte, sondern die geplante territoriale Erweiterung des römischen Staatsgebietes, wie dies auch gegenüber den südlatinischen Städten im 4. Jahrhundert v. Chr. der Fall war.

Nach heftigen Kämpfen zwischen 358 und 351 und weiteren Verlusten für Tarquinia wurde schließlich ein vierzigjähriger Waffenstillstand geschlossen, der anscheinend genau eingehalten wurde; denn erst ab 311 sind weitere Kriege überliefert, die 281 v. Chr. in einer endgültigen Niederlage Tarquinias endeten und zum Verlust eines Teils seines Territoriums führten. Die Situation wurde damit ähnlich der von Cerveteri: Außenpolitisch von Rom abhängig, verfügten die südetruskischen Städte weiterhin über kommunale und kulturelle Selbständigkeit.

Für eine gemeinschaftliche Reaktion der Etrusker als Antwort auf die römische Expansion, wie sie für das 4. und frühe 3. Jahrhundert v. Chr. mehrfach bei Livius überliefert ist, fehlten in der Folge die politischen, militärischen und möglicherweise auch die gesellschaftlichen Voraussetzungen. Tatsächlich scheinen, vergleichbar dem Machtkampf zwischen Patriziern und Plebejern in Rom, auch in den etruskischen Stadtstaaten innere Unruhen das gesellschaftliche Gleichgewicht gestört zu haben. So sollen nach Livius im Jahr 264 v. Chr. die durch einen Sklavenaufstand um die Macht gebrachten Aristokraten von Volsinii die römischen Patrizier um militärischen Beistand gebeten haben. Das Ergebnis war grausam und sicher unerwartet für die Hilfesuchenden: Das mächtige Volsinii, das schon seit ca. 280 faktisch unter römischer Kontrolle stand, wurde belagert und erobert und die gesamte Bevölkerung von Orvieto an den Bolsena-See zwangsumgesiedelt, wo im heutigen Bolsena noch der alte Name fortlebt.

Der Untergang von Veji und Volsinii belegt zweierlei: zum einen die Unfähigkeit der Etrusker zu außenpolitischer Kooperation, zum andern die von den Etruskern offensichtlich unterschätzte Machtpolitik Roms. Seit dem 2. Jahrhundert v. Chr. finden wir Mitglieder der etruskischen Oberschicht im römischen Senat. Dies ist der Beginn einer allmählichen Romanisierung „von oben". Das Lateinische trat, wie die Grabinschriften zeigen, zunächst neben das Etruskische, um dann im frühen 1. Jahrhundert v. Chr., mit der Verleihung des Bürgerrechts durch die *lex Iulia*, das Etruskische als Amtssprache ganz zu verdrängen.

Der Prozeß der Romanisierung Etruriens hat zwar mit der *lex Iulia* einen formalen Fixpunkt, jedoch handelt es sich, bei näherem Hinsehen, um eine Jahrhunderte währende, von Ort zu Ort unterschiedliche Entwicklung. Nur anfänglich, im 4. und frühen 3. Jahrhundert v. Chr., scheint dieser Prozeß der Romanisierung in Etrurien auf entschiedenen Widerstand gestoßen zu sein. In der Endphase, im 2. und frühen 1. Jahrhundert v. Chr., war Rom als politisches und kulturelles Zentrum jedenfalls schon so attraktiv, daß sich die lokale etruskische Aristokratie problemlos als römisch verstand, ohne freilich ihre etruskische Herkunft zu verleugnen.

Beredtes Beispiel für diesen Assimilierungsprozeß ist Caius Maecenas, der nach heutiger Definition am ehesten als Kulturminister zu bezeichnende Diplomat und Förderer der Künste und Literatur unter Kaiser Augustus. Aus hohem Adel des nordetruskischen Arretium stammend, war Maecenas einer der wichtigsten Wegbereiter dessen, was wir heute als spezifisch römische Kulturleistung ansehen. In diesem von Maecenas mitgeprägten augusteischen Konzept war das Etruskische nicht untergegangen, sondern bildete als Teil altitalischer Traditionen einen seiner wesentlichen Bestandteile. Unter diesem Aspekt betrachtet ist es eher nebensächlich, ob wir das Weiterleben des Wortes „Mäzen" als Synonym für einen Kunstförderer dem etruskischen oder dem römischen Erbe zuschreiben. Maecenas selbst, als Betroffener und sicher gerührt ob dieser seiner Nachwirkung, hätte vermutlich geantwortet: „Beides ist richtig. Ich bin Römer, aber was wäre ich ohne mein etruskisches Erbe?"

V. Die Religion

1. Die „etruskische Disziplin"

„Disciplina etrusca" hieß nach den Aussagen römischer Autoren die religiöse Überlieferung der Etrusker, in der alles Wissenswerte niedergeschrieben war. Streng gehütet von der einheimischen Priesterschaft, die sich aus führenden Familien der etruskischen Stadtstaaten rekrutierte, standen im Mittelpunkt dieser Schriften die Blitzlehre (*Libri fulgurales*), die Leber- bzw. Eingeweideschau (*Libri haruspicini*) und die Ritualbücher (*Libri rituales*). Die originale Überliefung ist, wie das gesamte religiöse Schrifttum der Etrusker, untergegangen, doch sind von lateinisch schreibenden Autoren der späten Republik und der Kaiserzeit, wie Varro, Festus, Cicero, Seneca und Plinius, bruchstückhaft so viele Einzelheiten überliefert, daß der Schwede Carl O. Thulin zu Beginn dieses Jahrhunderts den Versuch unternehmen konnte, die wesentlichen Teile der etruskischen Disziplin zu rekonstruieren. Diese Arbeit ist auch heute noch die Basis jeder Beschäftigung mit den antiken Quellen zur etruskischen Religion.

Der eigentliche Sinn der etruskischen Disziplin war der richtige Umgang mit dem Götterwillen, denn nach etruskischer Vorstellung standen die Götter in ständigem Kontakt mit der irdischen Welt, das heißt sowohl mit dem Staatswesen als ganzem als auch mit dem Schicksal des einzelnen. Diesen Götterwillen zu erkennen und zu deuten – und wenn irgend möglich auch zu beeinflussen – bildete das zentrale Anliegen der etruskischen Religion. Hauptsächliche Medien waren dazu die Sichtung und Deutung von Eingeweiden bestimmter Tiere sowie die Deutung von Blitzen. In welchem Maß das bei den Römern und Umbrern praktizierte Auspizium, die Weissagung aus der Beobachtung des Vogelfluges, bei den Etruskern verbreitet war oder gar aus Etrurien entlehnt worden ist, läßt sich bisher allerdings nicht feststellen. Während es den Römern nur gegeben war, Zustimmung oder Ablehnung der Götter zu erfragen, etwa anläßlich eines bevorstehenden Krieges oder bei der Ernennung von Staatsbeamten, war es den Etruskern möglich, in eine direktere Kommunikation mit den jenseitigen Mächten zu treten und auf diese Weise auch über zukünftige Ereignisse informiert zu werden.

Diese strukturellen Unterschiede sind von grundsätzlicher Bedeutung für das Selbstverständnis von Etruskern und Römern: Erstere fühlten sich eingebunden in einen kommunizierenden Kosmos zwischen Diesseits und Jenseits, der das eigene Leben und das des Gemeinwesens prägte und in gewisser Weise vorherbestimmte – so war etwa die Lebensdauer des etruskischen Volkes ebenso festgelegt wie die des einzelnen Menschen. Den Göttern gegenüber distanzierter zeigen sich die Römer, die deren Einfluß zwar spüren und ihm durch Opfer Rechnung tragen, jedoch stärker auf die Bedürfnisse des Alltags konzentriert sind.

Die religiös mitbedingte, pragmatischere Lebenshaltung der Römer war zweifellos effektiver, insbesondere in der Situation einer in jeder Hinsicht expandierenden *res publica*, und sie bildete eine wesentliche Voraussetzung für den Aufstieg des Römertums in den folgenden Jahrhunderten. Umgekehrt ergibt sich, auch aus der Betrachtung der etruskischen Grabanlagen und ihrer Bildsymbolik, der Eindruck, daß für die Etrusker das diesseitige Leben nur eine Zwischenstation war, daß das Leben im Jenseits in reicher Fülle weiterging.

Die etruskische Religion ist eine Offenbarungsreligion wie das Christentum oder der Islam, und sie steht damit im Gegensatz zum griechischen und römischen Glauben. In Tarquinia, der nach etruskischer Überlieferung ältesten Stadt, soll ein Bauer namens Tarchon ein menschliches Wesen aus dem Erdboden gepflügt haben, dessen Körper der eines Kleinkindes und dessen Kopf der eines Greises war. Dieses Erdwesen, *Tages* genannt, soll dem herbeieilenden etruskischen *Lukumo* (König) religiöse Offenbarungen vermittelt haben, die aufgezeichnet wurden und als Basis der etruskischen Disziplin dienten. Nach Tarchon, dem Begründer der etruskischen Disziplin und ihrem ersten Priester, soll die Stadt ihren Namen erhalten haben. Den Gründungsmythos von Tarquinia zeigt möglicherweise ein etruskischer Spiegel aus Tuscania (Abb. 3). Im Beisein des Stadtgründers (Tarchunes) und anderer Heroen und Götter (u. a. Velthune) erkundet in der Bildmitte ein Priester die Zukunft anhand der Leberschau.

Die Religion, neben der Sprache das genuinste Element der etruskischen Kultur, ist allerdings bisher nur bruchstückhaft überliefert. Die Quellen sind zudem durchaus unterschiedlich und zum Teil auch widersprüchlich. Die Basis unserer Kenntnis, die Aussagen römischer Autoren, stammt zumeist aus der Zeit, in der die etruskische Kultur schon untergegangen war, und es bleibt ohnehin fraglich, ob die Römer die ihnen fremde und im einzelnen wohl auch unzugängliche Religion der Etrusker verstanden haben. Bezeichnend etwa ist die ironische

Abb. 3: Der ‚Tarchonspiegel‘ aus Tuscania (Umzeichnung) mit dem Gründungsmythos von Tarquinia, Durchmesser 12 cm, 3. Jahrhundert v. Chr.

Bemerkung von Seneca (II 32, 1): „Der Unterschied zwischen uns und den Etruskern, deren höchste Kenntnis in der Auslegung der Blitze liegt, ist folgender: Wir meinen, es entstehen Blitze, weil die Wolken zusammenstoßen; jene aber glauben, die Wolken stoßen zusammen, damit Blitze entstehen. Da sie nämlich alles auf die Gottheit zurückführen, halten sie an dieser Meinung fest, als ob die Blitze nicht, weil sie stattfinden, ein Zeichen geben, sondern stattfinden, weil sie Zeichen sein sollen."

Etruskische Schriftzeugnisse sind, wie einige schwer verständliche Ritualtexte, ebenfalls nur bruchstückhaft überliefert. Zufallsfunde von etruskischen Inschriften religiösen Inhalts wie die ‚Bronzeleber von Piacenza' oder Grab- und Weihinschriften vermögen unsere Kenntnis aber doch erheblich zu erweitern, ebenso wie die Überreste von Kultstätten (Tempel, Altäre), Grabbauten oder Darstellungen religiöser Thematik in der Grab- und Gefäßmalerei sowie Werke der Kleinkunst, etwa Statuetten von Göttern, Adoranten oder Priestern.

Ein weiteres schwieriges Problem bei der Definition der etruskischen Religion ist ihr Mischcharakter; denn auch die Religion ist, wie andere Bereiche der etruskischen Kultur, integraler Bestandteil der antiken Welt. Schon früh, mindestens seit dem 7. Jahrhundert v. Chr., sind östliche, besonders griechische Elemente faßbar, die auch später prägend bleiben sollten. Zu nennen sind etwa Pythagoräer und Orphiker oder dionysische Einflüsse, die so stark waren, daß sie im 2. Jahrhundert v. Chr. von Rom aus verboten wurden.

2. Das etruskische Pantheon

Wie die Götter der Griechen und Römer, so lebten auch die Götter der Etrusker im Himmel (bzw. in der Unterwelt) und wirkten von dort aus auf das irdische Geschehen ein. Aber im Gegensatz zu Griechen und Römern hatten die Etrusker klare Vorstellungen, wo die Götter im einzelnen lebten und wie sie von dort aus ihren Einfluß entfalteten. So entsprach der Himmel einem imaginären Kreis, der in vier gleich große, nach den Haupthimmelsrichtungen orientierte Sektoren geteilt war. Von den beiden sich rechtwinklig schneidenden Achsen kennen wir nur die römischen Bezeichnungen *cardo* und *decumanus,* und wir wissen, daß diese beiden Achsen, angeregt von Etrurien, auch die Basis römischer Stadtgründungen bildeten. Wie Plinius, eine unserer Hauptquellen, weiter berichtet, war jedes dieser Viertel noch einmal in vier gleich große Teile gegliedert. Die insgesamt 16 Felder wurden von unterschiedlichen Gottheiten „bewohnt", die von diesen ihren Göttersitzen aus auf das irdische Leben einwirkten.

Dieses „Himmelskreuz" läßt sich dank zweier Dokumente im wesentlichen rekonstruieren: einem spätetruskischen Bronzemodell einer Schafsleber, in dessen Rand 16 Felder mit Götternamen eingeritzt sind, und den Angaben des spätantiken Autors Martianus Capella, der zum Teil, wenn auch in lateinischer Form und um zwei Felder versetzt, dieselben Gottheiten aufführt. Abb. 4 zeigt die Umsetzung beider Angaben. Die vollständige Namensliste der Bronzeleber erscheint innen und die fragmentarische des Martianus Capella außen. Die Anordnung der Götter in diesem Himmelskreuz erfolgte nach einem klaren Schema, dabei lagen im nordöstlichen Viertel die Wohnsitze der höchsten Himmelsgottheiten, in den beiden südlichen Vierteln folgten die Sitze der Gottheiten der Natur und der Erde, während im nordwestlichen Viertel die Gottheiten der Unterwelt angesiedelt waren. Eine Sonderrolle kam dabei allerdings Tinia, dem höchsten der Götter zu, der drei Felder im Norden besaß, davon zwei in den nördlichen Regionen der Unterwelt, von wo aus er vernichtende Blitze auf die Erde schleuderte (Felder 15 und 16). In der für die Menschen positiven Nordost-Region wirkte Tinia/Zeus, der etruskische Göttervater (Feld 1), neben seiner Gattin Uni/Hera (Feld 2) und beider Tochter Menerva/Tecum (Feld 3). Neth[uns], der Gott des Meeres (Feld 5), führt die Götter der Natur und der Erde an, gefolgt von Ca[v]th[a] (6), einer Sonnengottheit, und Fufluns, dem Gott des Weines (7). Am Ende dieser Götter der südlichen Himmelshälfte sind mit Cel (11) und Cul[sans?] (12) Erdgottheiten angesiedelt, wobei

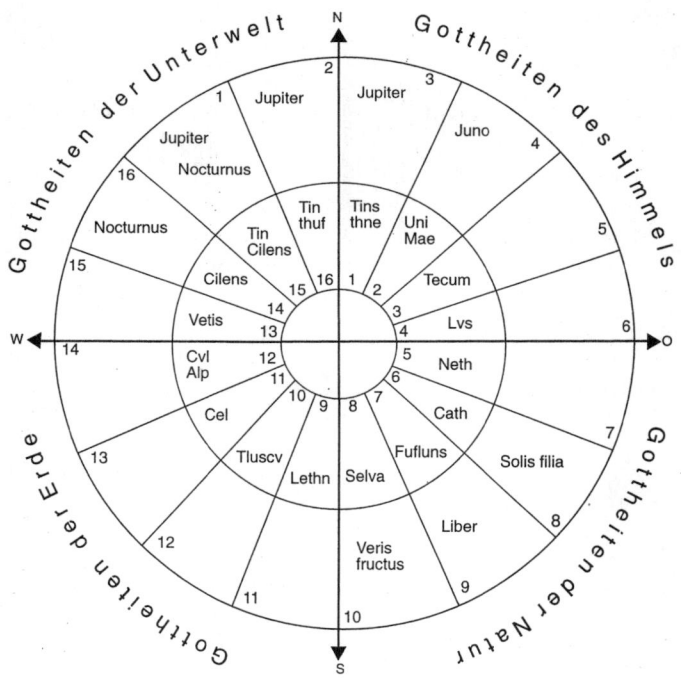

Abb. 4: Das 16teilige Himmelskreuz
mit den Wohnsitzen etruskischer Götter

Culsans als Türwächter (etr. *cul* = Tor) sinnfällig das Tor zur
Unterwelt bewacht, die mit Feld 13 beginnt.

Allerdings muß eingeräumt werden, daß dieses Himmelskreuz, wie es Abb. 4 als Rekonstruktionsversuch wiedergibt,
noch eine Reihe von Fragen offen läßt, so die tatsächliche
Nordorientierung oder die Identität einiger der genannten
Gottheiten wie etwa Lvsl (Feld 4) und Tluscv (Feld 10), während umgekehrt auffällt, daß zentrale Gottheiten wie der Unterweltsherrscher Aita (griech. Hades) ebenso fehlen wie die
in Kult und Bildkunst dominierenden Apulu (griech. Apollon)
oder Turan (griech. Aphrodite).

Chronologie der Gräber:

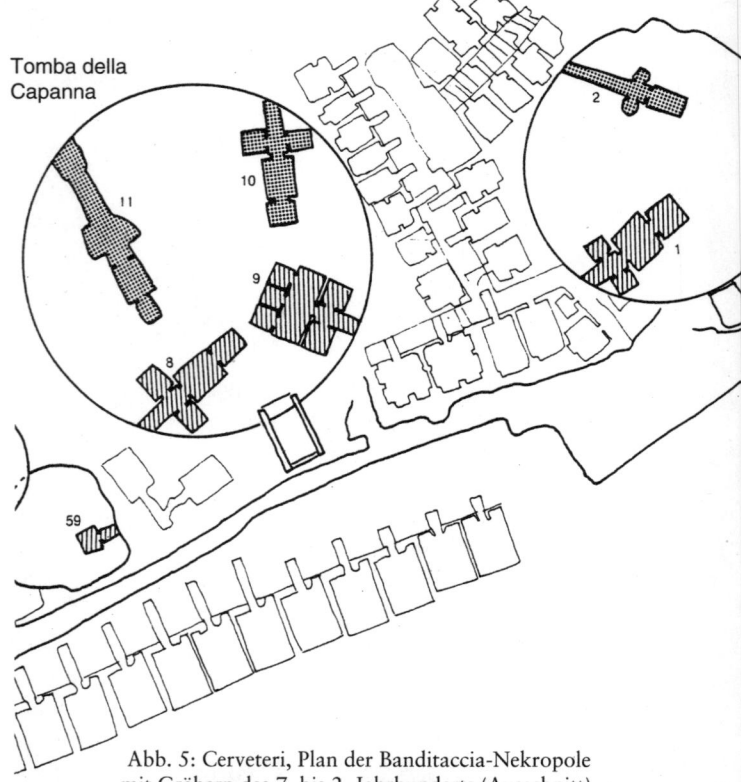

- 7. Jh. v. Chr.
- 6. Jh. v. Chr.
- Ende 6. und 5. Jh. v. Chr.
- 4.–2. Jh. v. Chr.

Tomba della Capanna

Abb. 5: Cerveteri, Plan der Banditaccia-Nekropole
mit Gräbern des 7. bis 2. Jahrhunderts (Ausschnitt),
Nr. 11: Tomba della Capanna;
Nr. 400: Tomba dei Rilievi

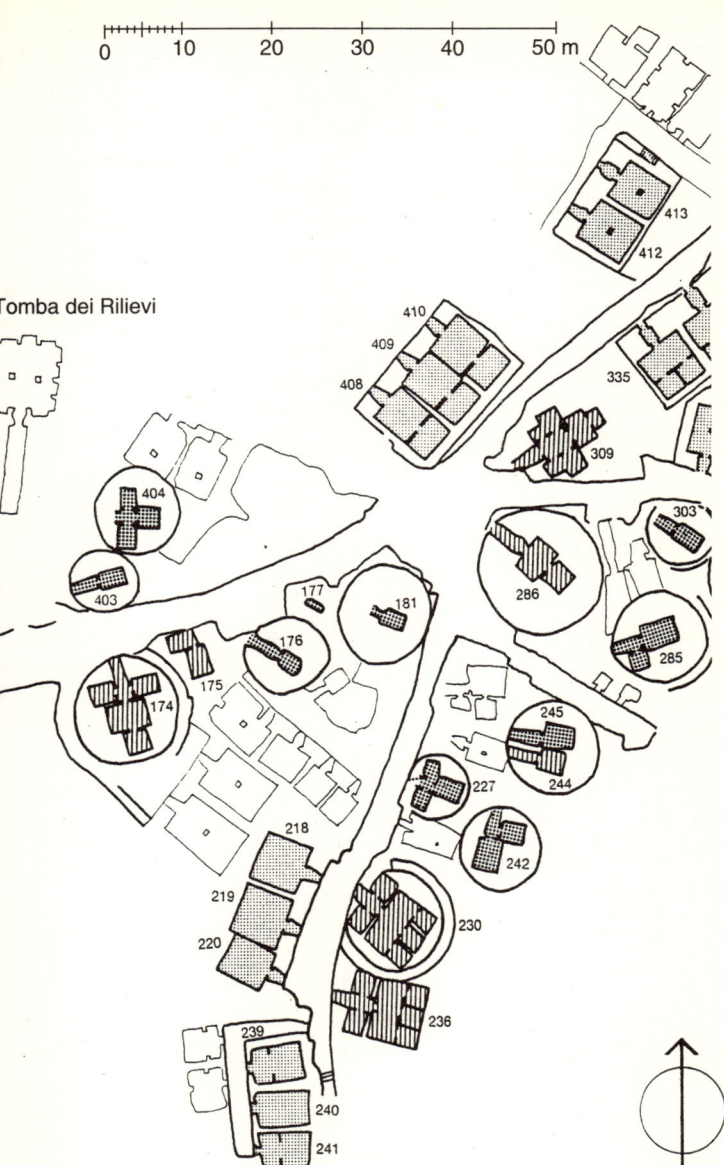

Tomba dei Rilievi

71

Dieses kosmische Konzept der 16 Himmelsfelder, von denen aus die Götter auf die Erde einwirkten, beschränkte sich nach etruskischer Vorstellung allerdings nicht allein auf den Himmel. Vielmehr umfaßte es auch den Mikrokosmos, das heißt, es reflektierte sich im irdischen Bereich in Wohnsiedlungen, Grabbauten, Tempeln und anderen geheiligten Stätten. Tatsächlich haben archäologische Untersuchungen die literarisch überlieferte zentrale Bedeutung der kosmischen Orientierung bestätigt. So ist etwa das Straßennetz des etruskischen Marzabotto nach den vier Himmelsrichtungen orientiert, und unter einer der zentralen Straßenkreuzungen fand sich ein Steinmal (*cippus*), in das ein entsprechend orientiertes Achsenkreuz eingeritzt war.

Dasselbe genordete Achsenkreuz liegt dem frühen etruskischen Tumulusgrab zugrunde. Darüber hinaus sind die jeweils ältesten Grabanlagen, besonders in Cerveteri, nach Nordwesten hin orientiert, mithin den etruskischen Unterweltsregionen zugeordnet (Abb. 5); und schließlich sind dieselben frühen Caeretaner Tumuli von Norden her mittels Rampen begehbar, d.h. die dominante Nordsüdrichtung des Himmelskreuzes läßt sich schon in den ältesten großen Grabanlagen des 7. Jahrhunderts v. Chr. nachweisen.

Die etruskischen Götter tragen zwar eigene Namen, doch sind sie den griechischen und zum Teil auch den latinisch-römischen in hohem Maße synonym, wie eine Gegenüberstellung einiger wichtiger Götternamen zeigt, wobei die etruskischen in der späteren Schreibweise ab der Mitte des 5. Jahrhunderts erscheinen:

etruskisch	griechisch	latinisch-römisch
Tinia	Zeus	Jupiter
Uni	Hera	Juno
Menrva	Athena	Minerva
Aplu	Apollon	Apollo
Artumes	Artemis	Diana
Turan	Aphrodite	Venus
Nethuns	Poseidon	Neptun
Laran	Ares	Mars
Sethlans	Hephaistos	Vulcanus
Fufluns	Dionysos	Bacchus

Die teilweise Übereinstimmung der Götternamen hängt damit zusammen, daß schon zu sehr früher Zeit, im 8. und 7. Jahrhundert v. Chr., die griechische, latinische und die etruskische Kultur eng miteinander in Beziehung standen und vor allem griechische Sagen in Italien assimiliert wurden. So identifizierten die Etrusker ihre vorhandenen Gottheiten mit den griechischen, wenn sie vergleichbare Funktionen besaßen. Dabei behielten sie entweder den eigenen Namen bei, wie im Falle der Göttereltern Tinia und Uni, oder sie übernahmen und etruskisierten griechische Götternamen wie etwa Apollon-Aplu oder Artemis-Artumes. Ein ähnliches Namensgeflecht ergibt sich zu den lateinischen Götternamen. Dabei ist allerdings zu berücksichtigen, daß die Götter meist mehrere Funktionen besaßen, sich also nur Teilaspekte von ihnen mit denen der namensgleichen Gottheiten Griechenlands oder Roms deckten.

Was die Überlieferung der etruskischen Götter betrifft, so verfügen wir neben literarischen und zahlreichen epigraphischen Zeugnissen, darunter vor allem Weihinschriften und Opfertexte, über eine Fülle von bildlichen Darstellungen in der Vasen- und Grabmalerei sowie über rundplastische Bildwerke, meist Votivstatuetten, während Kultbilder aus Tempeln so gut wie fehlen. Problematisch in der Deutung sind vor allem mythologische Darstellungen auf Vasen und Spiegeln. Da sie meist griechische Sagenmotive wiedergeben, die Götternamen aber stets auf Etruskisch erscheinen, entsteht der Eindruck, daß beide identisch seien, was im Falle der Mythologie in hohem Maße zutrifft, nicht jedoch unbedingt auf die Kultpraxis. Außerdem gibt es unter den mythologischen Darstellungen nicht wenige, die von den griechischen Sagenversionen abweichen, indem sie etwa Personen einführen, die sonst unbekannt sind. Mangels einer eigenständigen etruskischen literarischen Überlieferung können wir nur ahnen, daß es sich in solchen Fällen um etruskische Sagenversionen handelt, ohne daß der Inhalt verständlich wäre.

Im folgenden seien einige etruskische Gottheiten kurz vorgestellt und charakterisiert:

- Aita ist, wie der griechische Hades, in Etrurien Herrscher der Unterwelt, und ab dem 4./3. Jahrhundert erscheint er, bärtig und mit einer Wolfskappe auf dem Kopf, thronend mit seiner Gattin Phersipnai (griech. Persephone) in der Wandmalerei;
- Aplu oder Apulu, der griechische Apollon, ist seit dem 6. Jahrhundert durch Inschriften, statuarisch (Veji) und in mythologischen Szenen überliefert. Der Apollonkult von Delphi war auch für Etrurien von großer Bedeutung, wie unter anderem das bereits erwähnte Schatzhaus der Caeretaner ebendort verdeutlicht;
- Cavtha ist eine inschriftlich häufig bezeugte Sonnengottheit und Partner des eigentlichen Sonnengottes Usil;
- Culsans ist ein zweigesichtiger, jugendlicher Gott. Wie der römische Ianus war er wohl ein Hüter der Tore (etr. *cul* = Tor) und damit auch des Eingangs zur Unterwelt;
- Fufluns, der Gott des Weines, wird in archaischer Zeit alt und bärtig, später, z.B. auf Spiegeln, jugendlich und unbärtig dargestellt;
- Hercle, der wegen seiner heroischen Taten Eingang in die Götterwelt fand, entspricht einerseits ganz dem griechischen Herakles, vereinigt in sich aber auch spezielle Aspekte als Spender von Trinkwasser und als Heilgott;
- Laran, der jugendliche Kriegsgott, erscheint wie der griechische Ares und der römische Mars in voller Rüstung (‚Mars von Todi‘). Seine Geliebte ist Turan-Aphrodite, wie in der griechischen Mythologie;
- Maris, früher irrtümlich mit dem römischen Mars identifiziert, ist eine jünglingshafte, in den Bereich von Liebe und Fruchtbarkeit gehörende Gottheit;
- Menerva war – wie Athena bzw. Minerva – nach ihren Eltern Tinia-Zeus und Uni-Hera die höchste Himmelsgottheit, genoß daneben aber auch Verehrung als chthonische Gottheit mit möglicher Orakelfunktion;
- Nethuns, ursprünglich ein italischer Quell- und Wassergott (von umbrisch *nept* = Nässe), ist in historischer Zeit weitgehend identisch mit dem griechischen Meeresgott Poseidon;

- Northia ist eine Schickalsgöttin mit speziellem Kult in Volsinii. In die Tempelwand wurde jährlich ein Nagel eingeschlagen, was sowohl zur Zeitbestimmung diente als auch magische Funktion hatte;
- Selvans, vergleichbar dem namensverwandten römischen Silvanus, war eine Gottheit der Natur und fungierte möglicherweise als Beschützer von Grenzen sowohl im öffentlichen als auch im privaten Bereich;
- Sethlans ist Schutzgott der Handwerker und Künstler, vergleichbar dem griechischen Hephaistos;
- Thesan, die meist geflügelte Göttin der Morgenröte analog zur griechischen Eos, ist in der Bildkunst vor allem mit Usil-Helios und im Kult (Pyrgi) eng mit Uni-Hera verbunden;
- Tinia, der ranghöchste Gott ist der machtvolle Schleuderer von Blitzen. Im Unterschied zu Zeus und Jupiter vereinigte er in sich auch Aspekte des Jenseits. Tinia wurde meist bärtig, in den Mythenszenen der Spätzeit häufig auch jugendlich wiedergegeben;
- Turan (abgeleitet von etr. *tur* = geben), die schon seit dem 7. Jahrhundert überlieferte Göttin der Liebe, Schönheit und Fruchtbarkeit, ist naturgemäß vorwiegend im weiblichen Ambiente, so auf Spiegeldarstellungen, vertreten, aber auch als Kultgottheit, wie im Hafenheiligtum von Gravisca bei Tarquinia bezeugt;
- Turms entspricht weitgehend dem griechischen Götterboten Hermes, auch als Todesbote für den Unterweltsgott Aita;
- Uni verkörpert neben den Wesenszügen der griechischen Zeusgattin Hera zahlreiche einheimische Aspekte. Als einzige Göttin verfügte sie über einen eigenen Blitz. Sie war Schutzpatronin von Wohnsiedlungen und Familien, besonders der Frauen und Mütter;
- Usil, der etruskische Sonnengott, erscheint in der Kunst ab 500 v. Chr. als geflügelter junger Mann mit großer Sonnenscheibe, die sich bei späteren Darstellungen häufig zum Nimbus bzw. einer diskusförmigen Scheibe hinter seinem Kopf reduziert findet;

– Velthune, dessen Kult 264 v. Chr. nach Rom überführt wurde, war zuvor Hauptgottheit im Zentralheiligtum des Fanum Voltumnae bei Orvieto (Abb. 3).

3. Die Kommunikation mit den Göttern

Die überragende Gestalt unter den etruskischen Göttern, Tinia, war, wie der griechische Zeus und der römische Jupiter, in erster Linie ein „Blitzeschleuderer". Diese Blitze des Tinia bildeten das sichtbarste und wirkungsvollste aller Götterzeichen: Durch sie wurde das Schicksal eines ganzen Volkes wie auch des einzelnen entschieden; die Herkunft, Richtung und Einschlagstelle, die Stärke und besonders auch die Farbe des Blitzes konnten, wenn richtig gedeutet, den Menschen existentielle Hinweise geben, und dementsprechend gab es detaillierte Vorschriften hinsichtlich der Erkennung, aber auch der Sühnung derartiger Vorzeichen.

Anders als bei Griechen und Römern konnten bei den Etruskern auch andere Götter Blitze schleudern. Nach Plinius (n.h. II 138) waren es neun Götter, die über elf Blitze (*manubiae*) verfügten, davon besaß allerdings Tinia drei, einen verheerenden, einen weniger günstigen und einen günstigen, die jeweils von verschiedenen Regionen des Himmels aus geschleudert wurden.

Eine der wichtigsten Quellen für die etruskische Religion ist die 1877 zufällig auf einem Acker in Norditalien gefundene ,Bronzeleber von Piacenza'. Die knapp 13 cm lange Nachbildung einer Schafsleber war offenbar ein Lehrmodell für etruskische Priester. Ihr einzigartiger Wert für die Rekonstruktion der etruskischen Himmelseinteilung in 16 Göttersitze ist schon angesprochen worden.

Aber nicht nur der äußere Rand der Bronzeleber ist in Felder eingeteilt und mit Götternamen beschriftet, sondern auch die übrige Oberfläche. Auf diese Weise ist die gesamte Leber als von göttlichen Wesen „bewohnt" vorzustellen. Durch Abweichungen vom Normalzustand an der Leberoberfläche eines frisch geopferten Schafes machte sich das Wirken einer Gottheit bemerkbar und konnte vom Priester (*haruspex*) erkannt und in seiner Botschaft gedeutet werden. Die Leberschau ist offenbar der zentrale und spezifischste Teil der etruskischen Wahrsagekunst, den auch die Römer anerkannten. Etruskische *Haruspizes* wurden noch in der Kaiserzeit bei wichtigen Staatsopfern hinzugezogen.

Auch wenn die Leberschau bei anderen Völkern Italiens bekannt und ebenso im frühen Griechenland praktiziert wurde, so ist sie doch in der klassischen Antike nirgends in solcher Perfektion angewandt worden wie in Etrurien. Einzig in den Kulturen des Alten Orients, vor allem bei den Chaldäern (Babyloniern) in Mesopotamien, gab es eine weit zurückreichende Tradition mit hochentwickelter Technik, und vieles spricht dafür, daß wesentliche Kenntnisse, wie auch in anderen Bereichen des etruskischen Lebens, letztlich über Orientalen an die Etrusker vermittelt worden sind, zumal der Einfluß chaldäischer Lehren für Italien auch in anderen Zusammenhängen überliefert ist.

In einer Kultur wie der etruskischen, in der das Wirken der Götter als allgegenwärtig und das Schicksal bestimmend verstanden wurde, war es nur natürlich, daß der Pflege der Beziehungen zu den Göttern größte Sorgfalt zukam. Bereits antike Zeitgenossen berichteten davon, wenn sie die Etrusker als besonders religiös im Sinne der Kultpflege bezeichneten. Bestärkt wird diese Überlieferung, indem den kultischen Beziehungen zu den Göttern in den heiligen Schriften der „etruskischen Disziplin" ein besonders breiter Raum auch im Sinne konkreter Vorschriften zukam. Vom archäologischen Befund her läßt sich diese Überlieferung nur bedingt bestätigen. Die Heiligtümer unterschieden sich, was ihren Charakter und ihre Größe angeht, nicht wesentlich von denen der griechischen Welt, und Ähnliches gilt für die Kultstatuen und bildlichen Darstellungen der Götter, die weitgehend denen der Griechen entsprechen.

Allerdings scheint die freie Natur, wie Haine, Flüsse und Seen, gerade in Etrurien eine besondere kultische Rolle gespielt zu haben, ohne daß dies durch aufwendige Bauten und für uns durch Baureste im einzelnen nachzuvollziehen wäre. Immerhin zeugt die immense Anzahl von Votivgaben von großer Frömmigkeit der Bevölkerung. Darunter sind sowohl Götterbilder aus Ton und Bronze als auch Abbilder der Gläubigen als Bittsteller oder auch Nachbildungen von Körperteilen, um deren Heilung ersucht wurde. Dieser Praxis der Heilkulte kam auch die Geomorphologie Südetruriens zugute, die Existenz von mineral- und schwefelhaltigen Quellen und Seen, deren Heilkraft bekannt war und bei den Etruskern – wie alles Leben auf Erden – vom göttlichen Wohlwollen abhing.

Ein typisches Beispiel für eine natürliche Kultstätte im Freien findet sich am Falterona-See in Nordetrurien, im Quellgebiet des Arno. In unwirtlicher Höhe von 1400 Meter befand sich ein heute trockengelegter See, aus dem im Jahr 1838 zunächst einige Zufallsfunde, darunter eine bronzene Herakles-Statuette, geborgen wurden. In den folgenden Wochen kamen nach systematischem Suchen etwa 500 Bronzestatuetten zutage, insgesamt sollen aus dem See um die 2000 Gegenstände stammen, darunter auch Statuetten von Haustieren, Pfeilspitzen, Münzen und Waffen, ein wahres Depot von Votivgaben in einem ländlichen Ambiente.

4. Tod und Jenseits

Zu den klaren Vorstellungen vom geordneten Himmels- und Lebensraum, wie er in der „etruskischen Disziplin" niedergeschrieben war, gehörte auch die Lehre von den *saecula* und der Begrenztheit des menschlichen Lebens. So wie der Mensch verschiedene Altersstufen durchlebt und im Tod endet, so ist auch die Existenz einer ganzen Nation zeitlich vorherbestimmt und umfaßt das Wachsen, Blühen und den Untergang in gleicher Weise. Im Falle der Etrusker waren acht, nach anderer Überlieferung zehn Jahrhunderte (*saecula*) festgelegt.

Dabei umfaßte das etruskische Saeculum nicht, wie später in Rom, 100 Jahre, sondern es reichte der etruskischen Lehre entsprechend vom Ende des vorausgehenden Saeculums bis zu dem Zeitpunkt, an dem der letzte derer verstarb, die zu Beginn des Saeculums am Leben gewesen waren. Da dies festzustellen durch einfaches Zählen nicht möglich war, konnte das Ende eines Saeculums nur durch göttliche Zeichen, wie Blitze, festgestellt werden. Laut Varro dauerten die ersten vier Saecula jeweils 100 Jahre, das fünfte 123, das sechste 119, das siebente ebenso lange, das achte war zur Zeit der Aufzeichnung gerade im Gange, ein neuntes und ein zehntes stünden noch bevor, und nach deren Ablauf sei auch das Ende des etruskischen Namens gekommen.

Der Schematismus eines solchen Systems ist evident, vor allem der ersten vier, offensichtlich in eine Zeit zurückgehenden Saecula, in der es schriftliche Aufzeichnungen noch nicht gab. Doch ist es immerhin bemerkenswert, daß die Daten dieser Saecularlehre, sowohl der Beginn (um 1000 v. Chr.) als auch das Ende des etruskischen Volkes (Anfang 1. Jh. v. Chr.), durchaus der Realität nahekommen, wenn wir nicht von zehn, sondern von acht Saecula ausgehen.

Welcher Freiraum aber blieb dem einzelnen Menschen, wenn die wesentlichen Stationen seines Lebens und insbesondere die Lebensdauer vorherbestimmt waren? Zunächst einmal gab die „etruskische Disziplin" den Priestern, die allein dieses Wissen zu erkunden und zu vermitteln imstande waren, eine beträchtliche Machtfülle, und so ist es verständlich, daß in alten Zeiten die weltliche und die priesterliche Macht in den Händen der Herrscher (Lukumonen) lag. Bis in die Spätzeit hinein blieb das Priestertum ein Privileg bestimmter aristokratischer Familien, die ihr Wissen vom Vater auf den Sohn vererbten.

Doch vollständig vorherbestimmt bzw. unabänderlich war das Einzelschicksal nicht: Bis zu zehn Jahren konnte der Tod des einzelnen hinausgezögert werden, das Ende des etruskischen Volkes um dreißig Jahre. Den ersten Aufschub billigte Tinia, für den zweiten waren die noch über den Göttern waltenden Moiren zuständig, deren Namen auszusprechen den Etruskern nicht erlaubt war.

Über die Opfer- und Kultpraktiken, die zum Erlangen des Zukunftswissens notwendig waren, wissen wir im Detail nichts. Sie waren jedoch niedergelegt in den *Libri fatales*, einem Teilbereich der Ritualbücher. Dieselben Schicksalsbücher enthielten zudem die Lehre, nach der die menschliche Seele durch das Opfer bestimmter Tiere an bestimmte Götter zur Unsterblichkeit gelangen konnte. Die Bezeichnung dieser Bücher auch als *Libri acheruntici* läßt vermuten, in diese Lehre seien schon frühzeitig prägende Elemente der orphisch-pythagoreischen Vorstellungen der griechischen Religion eingeflossen. Dabei scheint es so zu sein, daß in Etrurien die Vergöttlichung der menschlichen Seele weniger durch Opfer zu Lebzeiten bewirkt wurde als durch Ersatzopfer nach dem Tode (*hostiae animales, sacra resolutoria*).

Neben den etruskischen Göttern, die wir uns also durchaus ähnlich denen des griechischen und römischen Pantheons vorzustellen haben, existierten, für uns faßbar, eine Reihe von überirdischen Wesen, die in der Forschung durchweg als Dämonen bezeichnet werden. Es sind entweder ältere, unansehnliche Männer oder menschenähnliche Mischwesen, zum Teil mit Vogelnasen oder Tierköpfen. Hinzu kommen jugendliche, als Vanth bezeichnete Frauen in weiten weißen Gewändern und mit langen Flügeln, die wir, vergleichbar den männlichen Dämonen, in den Funktionen von Todesboten, als Totengeleiter oder auch als Grabwächter antreffen. Für die religiösen Vorstellungen von besonderer Bedeutung sind allerdings jene weiblichen Flügelwesen, die entweder eine Schriftrolle in Händen tragen oder eine Klapptafel beschriften: Hier handelt es sich um die *res gestae* des Verstorbenen, um die Auflistung seiner Taten zu Lebzeiten und damit auch um seine Einschätzung bzw. Stellung im Jenseits. Ob hier nur eine Art *cursus honorum* vorliegt, wie aus den Schriftrollen der Vorfahren und Verstorbenen in den Gräbern von Orvieto und Tarquinia hervorzugehen scheint, oder eine Abwägung der guten und der schlechten Taten, das heißt, ob eine Art von Totengericht stattfand, läßt sich bisher nicht entscheiden.

Am häufigsten vertreten ist die Gruppe der Charune, bekleidet mit kurzem Schurz, kreuzförmigen Hosenträgern und hohen Stiefeln. Ihr ungepflegtes, bärtiges Gesicht kennzeichnet meist eine Hakennase, ihre Hautfarbe ist grünlich. In der Rechten schwingt der Charun einen mächtigen Hammer. Früher als Marterinstrument gedeutet, sieht ihn die heutige Forschung eher als Symbol für das unabwendbare Schicksal an. Neuerdings wird auch die Meinung vertreten, daß dieser Hammer das Tor zur Unterwelt öffnen sollte. Aber warum treten dann, wie in der ‚Tomba dei Caronti‘ in Tarquinia, gleich mehrere hammerschwingende Charune zugleich auf?

Vor einigen Jahren wurde in Tarquinia die wohl im frühen 4. Jahrhundert v. Chr. angelegte und ausgemalte ‚Tomba dei Demoni‘ entdeckt. Hier erscheinen, neben einer Abschiedsszene und dem in der Biga fahrenden Verstorbenen, gleich mehrere Dämonen sowie ein Boot, dessen Fährmann leider nur noch schemenhaft zu erkennen ist. Mit dieser ungewöhnlichen Darstellung schloß sich endlich eine Lücke, die der Forschung als solche schon lange bewußt war: daß nämlich nicht nur der Name Charun vom griechischen Unterweltsfährmann Charon abgeleitet ist, sondern daß auch die griechische Vorstellung von der Fahrt ins Jenseits über den Unterweltsfluß mit Hilfe eines Bootes in Etrurien bekannt war.

In den etruskischen Gräbern der Spätzeit gibt es eine ganze Fülle von dämonischen Wesen, die sich um die Verstorbenen bemühen, darunter auch jene Charune, die den Leichenzug im Beisein der Hinterbliebenen begleiten. Dies kann eigentlich nur bedeuten, daß die Dämonen als für den Lebenden zwar unsichtbare, aber doch konkrete Geistwesen unmittelbar am Geschehen teilnahmen und es mitbestimmten. Wenn dies zutrifft, dann ist es mehr als wahrscheinlich, daß die Lebenden sich von Geistwesen umgeben und beschützt fühlten, wir es demnach mit einer Vorstellung zu tun haben, die der von christlichen Schutzengeln vergleichbar ist.

Die besondere Sorge der Etrusker um ihre Verstorbenen erklärt sich damit, daß diese nach ihrem Tod das Diesseits nicht einfach verließen, sondern mit den Lebenden verbunden blieben. Sie hatten dafür Sorge zu tragen, daß es den Verstorbenen im Jenseits an nichts mangelte. Dazu diente ein aufwendiger Totenkult, über den literarisch, etwa aus den genannten *Libri rituales,* nichts überliefert ist, den wir aber aus den Grabbauten und den Grabbeigaben, zum Teil auch aus Wandmalereien und aus Grabinschriften erschließen können. Demnach war das etruskische Grab nicht nur Bestattungsort, sondern zugleich auch monumentaler Altar, insofern der Grabbau begehbar war und auf der Kuppe Opferhandlungen für die Verstorbenen stattfinden konnten. Weitere Kultstätten befanden sich in der Grabanlage selbst, einmal im Eingangsbereich (*dromos*), dann auch im Inneren der Grabkammern, wo nicht nur Beigaben deponiert wurden, sondern sich bisweilen auch Altäre mit Vorrichtungen für Trankopfer befanden.

Viel ausgeprägter als in Griechenland und Rom ist das Bestreben der Etrusker, ihre Verstorbenen bildhaft festzuhalten. Dies beginnt bereits in der Frühzeit mit den anthropomorphen Villanova-Urnen und deren Nachfolgern, den Kanopen im Gebiet um Chiusi. Hinzu kommen die statuarischen Sitzbilder, Statuen oder Grabstelen des 7. und 6. Jahrhunderts v. Chr. sowie später die Darstellungen der Verstorbenen als Deckelfiguren von Sarkophagen und Urnen (Abb. 8, 9) und schließlich in den Wandgemälden von Tarquinia und Orvieto, hier versehen auch mit reichen Beischriften und den Lebensdaten der Toten.

Die uralte einheimische Sitte, den Verstorbenen bildhaft zu fassen, unterscheidet den Totenkult der Etrusker wesentlich von den Praktiken im gleichzeitigen Griechenland und in Rom, ist aber den Erscheinungen verwandt, die wir aus Ägypten und Phönikien kennen: Die dortigen Mumien und anthropomorphen Sarkophage sind nicht Abbilder der Verstorbenen (wie etwa die Ahnenbilder der Römer), vielmehr sind sie die Verstorbenen selbst. Diese sind damit körperlich viel präsenter als etwa in der klassischen Antike, und vielleicht liegt hierin einer der Gründe, warum der Totenpflege gerade in Ägypten und in Etrurien eine so zentrale Bedeutung zukommt. Andererseits läßt sich aber auch feststellen, daß der aufwendige Totenkult nicht nur zum Wohlergehen der Verstorbenen geschah, sondern zum Teil auch einem verständlichen und durchaus diesseitsgerichteten Anspruch Rechnung trug, nämlich der Selbstdarstellung der einzelnen sowie ihrer jeweiligen Gens. Ob man glaubte, daß sich die Größe und prachtvolle Ausstattung der Grabanlagen als Spiegelbild der diesseitigen Macht auch auf die Stellung im Jenseits auswirkten, wie dies von anderen Religionen, z.B. von Ägypten her, überliefert ist, läßt sich im Falle der Etrusker nicht beantworten, ist aber wahrscheinlich.

VI. Die Kunst

Das Kunstschaffen der Etrusker ist, wie auch viele andere Bereiche der etruskischen Kultur, geprägt durch den dominierenden, offensichtlich als vorbildhaft empfundenen Einfluß der griechischen Kunst. Dies gilt für fast alle wichtigeren Gattungen, wie etwa den etruskischen Tempel, die Rundplastik, den Stil der Wandmalerei, Form und Dekor der Keramik und schließlich auch für Werke der Kleinkunst und des Kunsthandwerks. Wer allerdings genauer hinsieht, wird schnell entdecken, daß es erhebliche Abweichungen von dieser Faustregel gibt. Gerade diese Unterschiede machen den Reiz des Etruskischen aus, und dies umso mehr, wenn es gelingt, die Unterschiede nicht nur zu erkennen, sondern sie auch zu deuten und mithin das spezifisch Etruskische zu verstehen.

Die Kunstentwicklung in Etrurien verläuft im übrigen parallel zur griechischen. Der dortigen geometrischen Epoche (9./8. Jh. v. Chr.) entspricht die Villanova-Kultur. Die Archaik, die eigentliche Blütezeit Etruriens (7. bis Anfang 5. Jh. v. Chr.), wurde zunächst durch den dominierenden Einfluß der altorientalischen Kulturen auf das einheimische Kunstschaffen geprägt („orientalisierende Phase"), während ab dem 6. Jahrhundert v. Chr. die griechische Kunst Vorbild der etruskischen wird. Die Klassik (5./4. Jh. v. Chr.) ist in Etrurien zunächst nur bedingt wirksam („subarchaische Kunst"), so daß in der Forschung häufig auch der Begriff „Übergangszeit" verwendet wird. In der folgenden letzten Epoche der etruskischen Kunst gelangte der Hellenismus (3. bis Anfang 1. Jh. v. Chr.) in Etrurien zu voller Blüte, wobei die entscheidenden Impulse auf das einheimische Kunstschaffen nunmehr von den Griechen Unteritaliens ausgingen.

Bevor kurz auf die einzelnen Kunstgattungen eingegangen wird, soll festgehalten werden, daß es die Etrusker als einziges unter den zahlreichen italischen Völkern zu besonderer Kunstfertigkeit gebracht haben. Die Übernahme und Umwandlung vorgegebener Muster in eine eigene Sprache setzte ein hohes

Maß an künstlerischer Begabung voraus. In dieser Hinsicht sind die Etrusker allein von den Griechen übertroffen worden.

1. Architektur: Stadtanlagen und Bauwerke

Etruskische Städte waren heilige, den Göttern geweihte und unter ihrem Schutz stehende Anlagen, und dementsprechend gab es streng einzuhaltende Vorschriften über die Gründungsriten und den Aufbau einer Siedlung. Wenn wir darüber einigermaßen gut informiert sind, dann deshalb, weil Rom selbst *etrusco rite,* nach etruskischem Ritus, gegründet worden sein soll. Auch für die innere Struktur einer Stadt gab es klare, zum Teil später von den Römern übernommene Vorschriften: so die sich rechtwinklig schneidenden und nach den Himmelsrichtungen orientierten Hauptstraßen, der Nord-Süd ausgerichtete *cardo* und der West-Ost verlaufende *decumanus.* An anderer Stelle wird überliefert, daß jede etruskische Stadt wenigstens drei geheiligte Tore und entsprechende Tempel besitzen müsse, und zwar für Tinia, Uni und Menerva.

In der Praxis lassen sich diese Vorschriften mangels entsprechender Ausgrabungen bisher kaum nachweisen. Allerdings scheint ein geradliniges Straßensystem sich erst im Verlauf des 6. Jahrhunderts v. Chr. durchgesetzt zu haben. In der gegen 500 v. Chr. gegründeten, bereits erwähnten Kolonie von Marzabotto ist ein derartiges orthogonales und genordetes Straßennetz freigelegt worden. Dabei fand sich unter einer Straßenkreuzung ein Steinmal mit einem eingeritzten Achsenkreuz im Sinne von *cardo* und *decumanus.*

Während die Erforschung etruskischer Wohnsiedlungen eher noch am Anfang steht – am besten überliefert sind Umfassungsmauern und einige Stadttore –, standen die Gräber und Nekropolen (Totenstädte) seit der Renaissance im Mittelpunkt des Interesses. Dank ihres ausgeprägten Totenkultes und begünstigt auch durch den weichen, gut zu bearbeitenden Tuffstein in Süd- und Mitteletrurien, begannen die Etrusker seit dem frühen 7. Jahrhundert v. Chr., anstelle der einfachen Pozzo- und Fossagräber der Villanova-Zeit, aufwendige Kam-

mergräber zu erstellen und diese mit halbkugelförmigen Erd-
hügeln, den Tumuli, zu überdecken.

Deutlich ist die starke soziale Differenzierung der Bestatte-
ten: Je höher der Rang, desto größer der Grabbau und desto
aufwendiger die architektonische Ausgestaltung der Grabkammern. Dies gilt besonders für die vollständig in den Tuff
gehöhlten Kammergräber von Cerveteri, die geradezu als
Spiegelbild der gleichzeitigen, nur bruchstückhaft überlieferten Hausarchitektur gelten können. Demnach dominierte im
7. Jahrhundert v. Chr. ein rechteckiges Langhaus mit Walm-
dach und freistehenden Innenpfosten als Stützen einer aufwendigen, detailliert im Tuff nachgebildeten Dachkonstruktion.

Im 6. Jahrhundert bestanden die ‚Grabhäuser' aus mehreren Kammern, häufig ist ein Grabtyp mit einem breiten Vorraum und drei rückwärtigen Kammern, davon die mittlere
meist etwas größer (sog. Dreizellentypus). Zwei lebensgroße
Tuffsitze im Vorraum, wie in der ‚Tomba degli Scudi e delle
Sedie' (Abb. 6), stehen symbolhaft für den Grabstifter und

Abb. 6: Cerveteri, Vorraum der Tomba degli Scudi e delle Sedie,
Anfang 6. Jahrhundert v. Chr.

seine Frau, die im mittleren Raum beigesetzt waren. Schilde und Gesimse im Vorraum, bisweilen auch Innensäulen mit kunstvoll verzierten Kapitellen sowie Flachdecken mit Einlegearbeiten in Schachbrettmuster belegen, daß das Innere des Grabes auch weiterhin dem gleichzeitigen etruskischen Wohnhaus, wie es aufgrund von Fundamentmauern etwa in Acquarossa erschlossen werden kann, nachgebildet ist.

Gegen die Mitte des 6. Jahrhunderts v. Chr. läßt sich in den Caeretaner Gräbern eine Neuerung beobachten, die für die Architekturgeschichte des antiken Italien grundlegend werden sollte: Die mittlere der drei rückwärtigen Kammern verschmilzt mit dem vorgelagerten Querraum zu einer im Grundriß (umgekehrt) T-förmigen Einheit, um die sich dann die einzelnen Bestattungskammern gruppieren. Damit ist in archaischer Zeit schon jene Raumanordnung vorgezeichnet, wie sie in entwickelter Form in den folgenden Jahrhunderten in etruskischen Gentilizgräbern wiederholt auftritt. Vorbild solcher prunkvollen Grabanlagen ist wiederum die gleichzeitige Hausarchitektur, und zwar in der Form des Hof- oder Atriumhauses, das sich neuerdings auch in Rom bis in das späte 6. Jahrhundert v. Chr. zurückverfolgen läßt. Wichtigstes Merkmal des Atriumhauses ist die axialsymmetrische Grundrißgestaltung mit stereotyper Anordnung der einzelnen Kammern um einen größeren freien oder überdachten Innenraum, das Atrium.

Neben dem Wohnhaus, dessen Entwicklung vom walmdachförmigen Langhaus über das ziegelgedeckte Breithaus zum Hof- und Atriumhaus bisher nur in groben Linien aufgezeigt werden kann, ist in Etrurien ein weiterer Haustyp überliefert, der entweder als Palast oder als *regia* (königlicher Amtssitz) bezeichnet wird. Zu unterscheiden sind dabei zwei Varianten: monumentale quadratische Anlagen von bis zu 60 m Seitenlänge (Murlo, Cerveteri) und kleinere ein- oder zweiflügelige Bauten (Regia Rom, Acquarossa).

Architektonische Gemeinsamkeiten dieser Anlagen sind die räumliche Verbindung von einem Hof mit umlaufenden Säulenhallen sowie die Dreizelligkeit des Kernbaus mit aufwendigem Terrakottaschmuck der Dachverkleidung. Während die Bedeutung der frühen *regia* in Rom dank der antiken Schriftquellen als Amtssitz des Königs bzw. Priesterkönigs sowie als Heimstätte mehrerer Kulte gesichert ist, sind wir für die übrigen Bauten allein auf die archäologischen Befunde angewiesen. Demnach konnten auch diese Anlagen mehreren Zwecken dienen: als Heiligtum, als politisches Zentrum einer Siedlung oder auch als Palast mit selbständiger Bewirtschaftung und eigenen Werkstätten.

Die Vorliebe für das Nebeneinander von drei Kammern, wie es in der Grab- und Hausarchitektur des 6. Jahrhunderts v. Chr. häufig vorkommt, ist auch kennzeichnendes Merkmal des etruskischen Tempelbaus, wobei allerdings auch zahlreiche andere, meist an griechischen Vorbildern orientierte Tempelformen anhand der Fundamentmauern zu erschließen sind. Noch im Rom der frühen Kaiserzeit waren dreizellige Tempel in „tuskischer" Bauweise anzutreffen, so daß wir neben den archäologischen Quellen ausnahmsweise auch über literarische Aussagen (Vitruv) verfügen.

Der etruskische Tempel war in Funktion und äußerer Erscheinung dem griechischen Vorbild verwandt, im einzelnen jedoch durchaus eigenständig. So wurde die Tempelfassade nicht nach Osten ausgerichtet, sondern aus religiösen Gründen in den Bereich zwischen Südwesten und Südosten. Zwar besaß auch der etruskische Tempel eine Säulenvorhalle, einen hohen, figürlich dekorierten Giebel und einen Raum für das Kultbild, doch war die äußere Erscheinung unterschiedlich (Abb. 7): Der Typus des „tuskischen" Tempels besaß ein Podium mit zentraler Zugangsrampe, er war breiter und kürzer als der griechische, dabei nahm die zwei- oder dreifache Säulenstellung der Frontseite die Hälfte der Gesamtlänge des Tempels ein. An der Tempelrückseite gab es weder Säulen noch einen Zugang. Der Baukörper war, wie auch später der römische, frontal ausgerichtet. Die Cella mit dem Kultbild wurde von zwei gleich tiefen, aber schmaleren Räumen flankiert, deren Funktion bis heute unklar ist.

Abb. 7: Tempel von Veji, Portonaccio-Heiligtum (Rekonstruktionsmodell), Ende 6. Jahrhundert v. Chr.

Das Gebälk des etruskischen Tempels bestand vollständig aus Holz, so daß zu dessen Schutz vor der Witterung ein ausgeklügeltes System von Dachrandverkleidungen erforderlich war. Diesen figürlich oder ornamental verzierten Tonplatten oder auch vollplastischen Figuren verdanken wir wesentliche Erkenntnisse über Form und Alter der Tempel, bisweilen auch über den Charakter der Gottheit, der ein Tempel geweiht war.

Eine etruskische Besonderheit stellt schließlich auch die Aufreihung großer Tonstatuen längs des Firstbalkens dar. Vielleicht sind sie als Ersatz zu verstehen für den fehlenden Schmuck im Giebelfeld; denn anders als die mit reichem Bildschmuck versehenen griechischen Tempelgiebel waren die Giebelfelder des etruskischen Tempels in der Regel offen, einzig die Stirnseiten der durchlaufenden Längsbalken waren mit figürlich verzierten Tonplatten, den Antepagmenten, geschmückt (Abb. 10). Erst in der Spätzeit, unter dem Einfluß neuer Impulse aus dem hellenistischen Griechenland, setzten sich in Etrurien reliefgeschmückte Giebelfelder durch.

Abb. 8: Tonurne mit Ehepaar, aus Cerveteri, Gesamthöhe 1,41 m,
Ende 6. Jahrhundert v. Chr. Rom, Museo di Villa Giulia

2. Grab-, Votiv- und Tempelplastik

Die Plastik hat bei den Etruskern nicht den gleichen hohen
Stellenwert wie im antiken Griechenland oder im Alten Ägypten,
vor allem wurde kein hartes und kostbares Steinmaterial, wie
Marmor, Granit oder Basalt, verwendet. Bevorzugte Materialien waren der Ton, so insbesondere für die Tempelplastik,
und das dunkle Vulkangestein Nenfro für die Grabplastik.
Hinzu kam die Vorliebe für Edelmetall und Bronze. So sollen
laut Plinius anläßlich der Eroberung von Volsinii im Jahr 264
v. Chr. 2000 Bronzestatuen erbeutet und nach Rom geschafft

Abb. 9: Tonurne mit Ehepaar, aus Volterra, Höhe 41 cm,
2. Jahrhundert v. Chr. Volterra, Museo Guarnacci

worden sein, sicher nicht nur, um dort aufgestellt zu werden,
sondern vor allem wegen des wertvollen Rohmaterials.

Die etruskische Plastik orientiert sich zwar weitgehend an
Vorbildern aus der griechischen Kunst, doch sind, vor allem
in der Frühzeit, zwei weitere Komponenten formbestimmend:
die einheimische Villanova-Tradition und die phönikisch-
orientalische Bildkunst.

So zeigt sich immer deutlicher, daß die Anfänge großforma-
tiger Plastik in Etrurien auf diese Wurzeln zurückgehen, der
sich vom Gefäß zu menschlichen Formen hin entwickelnden
Villanova-Urne und der rundplastischen Grabstatue altorien-
talischer Herkunft. Die ältesten Beispiele aus dem frühen
7. Jahrhundert v. Chr. sind Bronzebüsten im Gebiet von Vulci
und Steinplastiken aus Tuff oder Nenfro im Territorium von
Cerveteri. Dabei ist vor allem die Büstenform bedeutsam, d.h.
die Konzentration des Bildwerkes auf den Kopf unter Ver-
nachlässigung des Körpers. Im 6. Jahrhundert ist sie vor allem
in den Kanopen genannten anthropomorphen Gefäßurnen
im Gebiet von Chiusi vertreten, sie bleibt aber ein spezifisches
Kriterium etruskischer Menschendarstellung überhaupt.
Selbst bei herausragenden Meisterwerken, wie dem spätarchaischen „Ehepaarsarkophag" aus Cerveteri (Abb. 8) oder

der späthellenistischen Urne aus Volterra (Abb. 9), bei denen jeweils die vollständigen Körper wiedergegeben sind, konzentriert sich die plastische Gestaltungskraft auf die Köpfe, die Oberkörper und die Gestik der Arme. Ihrer Enstehungszeit entsprechend sind die archaischen Köpfe in Cerveteri typisierend und aus der Matrize geformt, die hellenistischen der Urne aus Volterra hingegen individuell gearbeitet und bewußt mit Alterszügen versehen.

Der plastische Schmuck in Heiligtümern läßt sich im wesentlichen in zwei Gruppen einteilen: die Bauplastik zum Schutz und Schmuck des Tempels und die Votivplastik als Weihegaben der Gläubigen. Im Mittelpunkt der Verehrung standen die Kultbilder. Wie in Griechenland waren sie im Tempelinneren aufgestellt, und wie dort haben sich von diesen Statuen, die zumeist aus Terrakotta gearbeitet waren, nur Bruchstücke bzw. indirekte Hinweise erhalten. So berichtet Plinius (n.h. 35, 157) im Zusammenhang mit dem Kultbild des römischen Kapitolstempels, unter Berufung auf Varro: „Aus Veji sei Vulca herbeigerufen worden, damit Tarquinius Priscus bei ihm das Bild Jupiters in Auftrag gebe, das für das Kapitol geweiht werden sollte; dieser Jupiter sei aus Ton gewesen, und man habe ihn deswegen regelmäßig mit Zinnober bestrichen."

Wie zur Bestätigung dieser Überlieferung wurden 1925 bei Ausgrabungen im Portonaccio-Heiligtum von Veji großfigurige Tonstatuen von Göttern gefunden, die genau in die Zeit der Errichtung des römischen Kapitolstempels fallen (2. Hälfte des 6. Jh. v. Chr.). Auch wenn es sich dabei nicht direkt um Kultbilder handelt, die Statuen vielmehr auf dem First des Tempeldachs aufgestellt waren (Abb. 7), so geben sie doch ein überzeugendes Bild vom Stil der ältesten Kultstatuen des römischen Kapitolstempels. Beeindruckend ist die meisterhafte Ausführung und Expressivität dieser Plastiken, ein Beweis für die Kunstfertigkeit der Vejenter Künstler.

Formal an den spätarchaischen Stilmerkmalen der griechischen Kunst orientiert, zeichnet sich etwa die Statue Apolls durch eine pointierte Wiedergabe einzelner Gesichtsteile aus, die in auffallendem Gegensatz steht zu dem weichen Durchschimmern einzelner Körperteile durch das transparente, aber scharfgratig gefältelte Gewand. Auf diese Weise wirken die etruskischen Bildwerke besonders expressiv und – trotz des „archaischen Lächelns" der nach oben gebogenen Lippen – zugleich streng. Hinzu kommt, daß die Statuen zwar farbig bemalt waren, aber anscheinend wurden gedämpfte Farbtöne bevorzugt, während die Farbreste frühgriechischer Steinplastiken auf eine grellere Bemalung schließen lassen.

Die Klassik, in Griechenland Höhepunkt des antiken Kunstschaffens überhaupt, hat in Etrurien, wie schon angesprochen, nur schwer Fuß gefaßt. Vereinzelt gab es jedoch auch qualitätvolle Beispiele des frühklassischen Stils, wie das figürliche Relief des Antepagments vom Tempel A in Pyrgi (Abb. 10).

Abb. 10: Giebelrelief (Antepagment) vom Tempel A in Pyrgi mit dem ‚Kampf der Sieben gegen Theben', Höhe, 1,26 m, Mitte 5. Jahrhundert. Santa Severa, Antiquarium

Abb. 11: Kopf der Kapitolinischen Wölfin,
Gesamthöhe 75 cm, 4. Jahrhundert v. Chr.
Rom, Konservatorenpalast

Auf engstem Raum sind hier Szenen aus der griechischen
Frühgeschichte dargestellt, das Eingreifen der Götter in den
Kampf der sieben Heroen um den Besitz der Stadt Theben.
Dabei sind die Körper der handelnden Personen, sich mehr-
fach überschneidend, in archaischer Weise noch weitgehend
bildparallel angeordnet, die breiten Gesichtsformen sowie die
Haarbildung zeigen hingegen Stilelemente des sog. Strengen
Stils der griechischen Frühklassik.

Am linken Bildrand erscheint Athena mit dem Unsterblich-
keitstrank in der Rechten, um ihn Tydeus, dem Giganten in
der Bildmitte, zu reichen. Dieser jedoch schlägt seinem Geg-
ner Melanippos die Zähne in den Hinterkopf, um dessen Ge-
hirn auszusaugen, wie wir aus der Literatur wissen.

Abb. 12: Terrakottakopf vom Belvedere-Tempel in Orvieto,
Höhe 16 cm, Ende 5. Jahrhundert v. Chr.
Orvieto, Museo Faina

In der Bildmitte greift Zeus mit dem (zu ergänzenden) Blitz-
bündel in der Rechten entscheidend in das Kampfgetümmel
zwischen den griechischen Heroen ein. Dargestellt sind demnach zwei Szenen aus demselben Mythos: der Höhe- und
Wendepunkt der Schlacht durch das Eingreifen des höchsten
Gottes sowie der Frevel des Tydeus.

Ein anschauliches Beispiel für den archaisierenden oder
subarchaischen Stil ist auch die im Kapitolinischen Museum
bewahrte bronzene Wölfin (‚Lupa‘), das spätere Wahrzeichen
Roms (Abb. 11): Der magere, straff gebaute und mit eng anliegenden schematischen Haarbüscheln überzogene Tierkörper
ist ganz dem archaischen Stil verhaftet, hingegen sind Einzel-
teile wie Augen, Ohren oder Lefzen so naturnah wiederge-

geben, daß entweder mit einer späteren Entstehung zu rechnen ist, oder aber, falls die ‚Lupa' doch schon im 5. Jahrhundert v. Chr. entstanden sein sollte, dem Künstler eine für griechische Augen ungewöhnlich fortschrittliche naturalistische Wiedergabe anatomischer Einzelheiten gelungen ist.

Ähnlich verhält es sich mit dem Terrakottakopf eines alten Mannes aus einem Tempelgiebel von Volsinii/Orvieto aus dem späten 5. Jahrhundert v. Chr. (Abb. 12): Die Alterszüge sind durch tiefe Furchen in Stirn und Wangen sowie durch Krähenfüße deutlich herausgearbeitet. In der griechischen Tempelplastik finden wir derartige Charakterisierungen des Alters vor der Epoche des Hellenismus nur ansatzweise: In dieser Hinsicht kann den etruskischen Tonbildnern eine bemerkenswerte Fortschrittlichkeit bescheinigt werden, wenngleich im allgemeinen das künstlerische Niveau etruskischer Plastik des 5. und 4. Jahrhunderts weit hinter dem Griechenlands zurückbleibt.

Dies ändert sich erst in der Epoche des Hellenismus, in der auch Etrurien von der letzten kulturellen Blüte des Griechentums ganz erfaßt wird. Besonders reich ausgestattet mit ornamentalem und figürlichem Schmuck sind die Tempel sowie die Gräber, deren Äußeres sich im 3. und 2. Jahrhundert v. Chr. immer mehr dem der Tempel angleicht, indem der Grabbau mit Säulen und Giebeln versehen wird (besonders Sovana und Norchia). In der Freiplastik ist Terrakotta nach wie vor das übliche Material, und ebenso wird an der Tradition festgehalten, Szenen aus der griechischen Mythologie darzustellen.

So begegnet um die Mitte des 2. Jahrhunderts v. Chr. im Tempel der mitteletruskischen Küstensiedlung Talamon erneut das Thema des Kampfes der Sieben gegen Theben. Dem Zeitstil gemäß sind die Figuren jetzt schlank und überlängt, sie bewegen sich freier im Raum, die Körper sind in „heroischer Nacktheit" gegeben und kontrastieren mit den flatternden Gewändern als Folie. Wie im Falle des Antepagments von Pyrgi sind verschiedene Einzelszenen des Mythos, die der Überlieferung entsprechend nicht gleichzeitig stattgefunden

Abb. 13: Bronzestatue des ‚Arringatore‘ vom Trasimenischen See,
Höhe 1,79 m, Ende 2. Jahrhundert v. Chr.
Florenz, Archäologisches Museum

haben, zu einem einzigen großen Geschehen komponiert,
so die Erblindung des Ödipus, die Flucht des Königs Adrast
aus der Schlacht oder der Tod des Sehers Amphiaraos. Dieses
synoptische Sehen, in dem nur die Einheit des Mythos ge-
wahrt ist und zeitlich und räumlich getrennte Szenen zu einem
neuen Ganzen vereint werden, unterscheidet die etruskische

Bildkunst von der griechischen, welche die Einheit von Mythos, Zeit und Raum bewahrte.

Die hellenistischen Tempelgiebel Etruriens werden heute von einem Teil der Forschung als römisch angesehen, da derselbe Figurenstil auch in den römischen Kolonien vorkommt und Etrurien im 2. Jahrhundert v. Chr. faktisch unter römischer Kontrolle stand. Die Fragestellung, ob etruskisch oder römisch, ist bezeichnend für eine Zeit, in der auch in der Kunst die ethnischen Grenzen zu verschwimmen begannen, das Etruskische sich allmählich im Römischen verlor, nachdem es über Jahrhunderte als Nachbarkultur eher dominiert hatte. Charakteristisch für diese Übergangszeit ist der ‚Arringatore' vom Trasimenischen See, eine lebensgroße Bronzestatue (Abb. 13). Sie scheint den typischen Römer wiederzugeben, worauf nicht nur die charakteristische Kleidung, sondern vor allem auch das bartlose, streng geschnittene Gesicht hindeutet. In Wirklichkeit handelt es sich um einen Etrusker namens Avle Metele (lat. Aulus Metellus), dem seine Heimatstadt aufgrund persönlicher Verdienste diese Statue aufgestellt und der Gottheit Tinia geweiht hatte, wie aus einer Inschrift am hinteren Mantelsaum hervorgeht.

Die Frage Etrusker oder Römer ist vom Bildwerk her nicht zu entscheiden. Wie auch die spätetruskischen Wandgemälde zeigen, ist um 100 v. Chr., als der ‚Arringatore' entstand, eine ethnische Spezifizierung nicht zu entdecken und war wohl auch nicht beabsichtigt. Der Übergang vom Etruskischen zum Römischen vollzog sich lautlos, indem die etruskische Kunst unter dem verbindenden Mantel des späten Hellenismus in der römischen aufging.

3. Grabmalerei

Die mehrfachen Verweise im vorigen Abschnitt auf die Grabmalerei machen deutlich, wie sehr beide Gattungen, Plastik und Malerei, miteinander verbunden sind. Eine weitere, eher überraschende Parallele besteht darin, daß die Anfänge sowohl der Großplastik als auch der Grabmalerei bedingt sind durch das Aufkommen des gehöhlten Kammergrabes im frühen 7. Jahrhundert v. Chr. In Cerveteri und Veji sind es Bildfriese mit orientalisierenden Motiven, die in erster Linie von den Bildmotiven importierter korinthischer Vasen inspiriert zu sein scheinen. Daneben waren aber auch die Deckenbalken der ältesten Kammergräber mit Lotos-Palmettenfriesen bemalt, ein Indiz, daß wir mit derartigen Malereien auch im frühetruskischen Wohnhaus zu rechnen haben. Aus Acquarossa und anderen Orten sind, ebenfalls schon ab dem 7. Jahrhundert, figürlich und ornamental bemalte Tonplatten bekannt, die als Dachschmuck eines Wohnhauses interpretiert werden.

Im 6. Jahrhundert v. Chr. ist die Grabmalerei im gesamten Verbreitungsgebiet der gehöhlten Kammergräber vertreten. Der Schwerpunkt liegt fortan in Tarquinia, weitere bedeutende Zentren sind Orvieto und Chiusi, daneben auch Veji und Cerveteri. In einer Art Freskotechnik werden die Farben auf den noch feuchten Wandverputz aufgetragen. Dank der natürlichen Feuchtigkeit des Tuffgesteins und der sommers wie winters weitgehend gleichen Temperatur haben sich diese Malereien über 2500 Jahre fast unversehrt erhalten. Die verwendeten Naturfarben, vorwiegend Rot, Schwarz, Gelb, Grün und Blau, sind noch heute von suggestiver Leuchtkraft, allerdings durch den modernen Tourismus stark gefährdet.

Die Bildthemen geben, obwohl sie im sepulkralen Zusammenhang stehen, ein vielfältiges Bild der etruskischen Lebenswelt. Besonders beliebt sind in den archaischen Gräbern Darstellungen der Leichenspiele wie Pferderennen, Laufen, Springen, Ringen oder Boxen; mehrfach vertreten sind dabei auch blutige Kämpfe, die wohl ebenfalls Teil der Bestattungsriten waren. In der Tomba degli Auguri schlägt ein maskierter, inschriftlich als „Phersu" bezeichneter Mann (Abb. 14) auf einen Gefesselten ein, dessen Kopf verhüllt ist. Zugleich muß sich dieser noch eines beißenden Hundes erwehren. Dieser „Phersu-Kampf" gilt als Vorläufer der späteren römischen Gladiatorenkämpfe.

Abb. 14: Tarquinia, Wandbild mit Ringerszene und „Phersu"
in der Tomba degli Auguri, Ende 6. Jahrhundert v. Chr.

Ebenfalls bis in das 6. Jahrhundert v. Chr. gehen Gelageszenen zurück, die als Bildmotive von griechischen Vasendar-
stellungen angeregt sein dürften, gleichzeitig aber auch etruskische Realität wiedergeben. Im Unterschied zu Griechenland
lagern auf einer Kline nicht nur Männer oder Männer und
Hetären, sondern auch Ehepaare.

Den Betrachter archaisch-etruskischer Grabgemälde faszi-
nieren neben ihrer Farbigkeit besonders die Lebensfreude und
die wiedergegebene Natur – Bäume, Pflanzen und Meerland-
schaften. So sind in der ‚Tomba della Caccia e della
Pesca' in den Dachgiebeln zwei häusliche Szenen, ein Gelage
und die glückliche Rückkehr von der Jagd dargestellt. Die
Grabwände selbst öffnen den Blick auf die Weite des Meeres.
Mit Liebe fürs Detail ist ein Boot mit Fischern wiedergegeben,
ein Jäger zielt auf den vorüberziehenden Vogelschwarm, von
einem vielfarbigen Felsen springt ein Jüngling ins Meer, während ein zweiter daran emporklettert.

Gegenüber dieser bewegten, farbigen und munteren Welt
archaisch-etruskischer Wandbilder wirken die Szenen der spätetruskischen Gräber ernst und freudlos. Früher hat man diese
Veränderung mit dem allmählichen Niedergang der etruskischen Kultur ab dem 5. Jahrhundert v. Chr. zu erklären versucht, auch einen Wechsel in den Jenseitsvorstellungen ange-

nommen. Geändert hat sich indes – und dies wiederum unter starkem Einfluß griechischer Bildmotive wie auch griechischer Philosophie – die Sehweise bzw. das Darstellungsinteresse: Nicht mehr die Totenfeier steht im Mittelpunkt der Bildthematik, sondern der Verstorbene selbst, der abgebildet und namentlich genannt wird, sowie sein Eintritt in die jenseitige Welt.

Daneben begegnen, vor allem in den spätesten der etruskischen Gräber (3./2. Jh. v. Chr.), immer häufiger Totenprozessionen. Es handelt sich um das letzte Geleit des Verstorbenen in Begleitung von Musikanten, Magistraten und Hinterbliebenen, die wiederum namentlich genannt sind. Zu dem düsteren Charakter dieser spätetruskischen Grabgemälde tragen auch die zahlreichen dämonischen Wesen bei, die mehrfach als „Charun" oder jugendlich-weibliche „Vanth" bezeichnet sind. Neben ihrer religiösen Bedeutung sind die spätetruskischen Wandbilder auch ein Spiegelbild für das in Etrurien wachsende historische Bewußtsein seit dem 4. Jahrhundert v. Chr. Die Wiedergabe und namentliche Benennung des Verstorbenen wie der Prozessionsteilnehmer rückt die Darstellung aus der allgemeinen Sphäre in die des individuellen Bereichs und macht sie so zu einem historischen Dokument, ein Vorgang, der auch gleichzeitig in Rom zu beobachten ist und letztlich einmündet in Darstellungen wie die Prozessionsfriese der augusteischen ‚Ara Pacis' in Rom.

4. Keramik und Vasenmalerei

Die Anfänge etruskischer Keramik sind nicht leicht zu bestimmen. Ein Grund liegt darin, daß in der Keramikentwicklung Mittelitaliens keine wirklichen Brüche oder Neuanfänge zu verzeichnen sind. Am ehesten ist dies noch im Übergang von der bronzezeitlichen Apenninkeramik mit ihren ritzverzierten Tonwaren zur kleinformatigeren Keramik der Protovillanova-Zeit der Fall. Die weitere Entwicklung hingegen verläuft im wesentlichen kontinuierlich. Am besten bekannt sind die Gefäße aus Grabkontexten: bikonische Urnen,

Amphoren, Krüge und Trinkgefäße. Sie sind mit der Hand geformt und aufgebaut, d. h. noch ohne Verwendung der Töpferscheibe hergestellt. Vor dem Brand wurden die Gefäße mit Tonschlicker überzogen und anschließend poliert, so daß sie metallartig glänzten, ein sicher beabsichtigter Effekt, da dieselben Gefäßtypen auch in kostbareren Materialien wie Bronze und Silber hergestellt wurden. Bisweilen gab es auch Tongefäße mit Metalleinlagen als Dekor. Ansonsten waren eingeritzte geometrische Motive charakteristisch. Der Ton wurde nur grob gereinigt, er war innen braun bis dunkelgrau, außen meist dunkelbraun mit einem Farbenspektrum von rot bis schwarz.

Diese als Impastoware bezeichnete Keramik ist typisch für die Villanova-Zeit des 9. und 8. Jahrhunderts v. Chr. Gegen Ende dieser Epoche kam daneben eine andere Keramikgattung auf, die sich durch größere Eleganz der Formen, dünnwandigere Qualität und besseren Brand, einen blaßgelben Überzug und reiche Bemalung in rotbrauner Farbe auszeichnete, wobei neben die schon bekannten geometrischen Muster nunmehr auch figürliche Motive traten, besonders Vögel, vereinzelt auch Menschendarstellungen. Es handelt sich hierbei um die sogenannte italisch-geometrische Keramik, eine fortschrittlichere Variante der älteren Villanova-Ware. Ihre Entstehung verdankte sie der Kenntnis griechisch-geometrischer Vasenkunst, die seit etwa der Mitte des 8. Jahrhunderts v. Chr. auf den mittelitalischen Markt drängte und einheimische Töpfer und Vasenmaler zur Nachahmung bzw. zu eigenen Schöpfungen anregte.

Dies geschah zunächst sicher unter Anleitung griechischer Lehrmeister, die sich, wie der aus dem griechischen Unteritalien stammende Töpfer und Vasenmaler Aristonothos, in Etrurien niederließen und hier eigene Werkstätten eröffneten. Der Einfluß dieser Lehrmeister war enorm: Durch sie lernten die Einheimischen auch den Gebrauch der Töpferscheibe und über die Bildmotive hinaus die Heldenepen griechischer Sagen kennen, vor allem die ‚Odyssee' Homers. So entstanden im späten 8. und in der ersten Hälfte des 7. Jahrhunderts v. Chr.

in den aufblühenden südetruskischen Küstenzentren bedeutende Keramikwerkstätten. Nicht zufällig handelte es sich mit Vulci, Tarquinia und Cerveteri um dieselben Städte, die den internationalen Handel Etruriens zu dieser Zeit bestimmten und die sich den kulturellen Einflüssen des Ostens bereitwillig öffneten.

Es ist bezeichnend für die Kreativität der Bewohner der genannten Küstenstädte Südetruriens, daß die einströmenden kulturellen Einflüsse nicht nur übernommen wurden, sondern daneben durchaus eigene Entwicklungen möglich waren. Bestes Beispiel dafür ist die Buccheroware, eine spezifisch etruskische Keramikgattung, die sich durch die Eleganz ihrer Formen, ihre tiefschwarze Färbung und ihren Dekor in Form figürlicher Stempel und Einritzungen auszeichnet. Besonders die frühe Produktion, auch *Buccchero fine* genannt, beeindruckt durch die metallische Härte und Dünnwandigkeit des Materials, das – im Gegensatz zur bräunlichen Impastoware – auch im Inneren schwarz ist. Wie moderne Versuche gezeigt haben, wurde diese intensive Schwärze des Tons in erster Linie durch die Drosselung der Sauerstoffzufuhr beim Brand der Gefäße erreicht (reduziertes Brennverfahren), ergänzt durch besonders sorgfältige Reinigung des Tons und durch die Beimengung mineralischer Zusätze.

Die Buccheroware – der Begriff ist aus dem Spanischen abgeleitet und bezeichnet dort eine schwarze, zum Teil auch rot und weiß bemalte Indianerkeramik – kam vor der Mitte des 7. Jahrhunderts v. Chr. auf. Schon bald wurde sie ein begehrter Exportartikel. Besonders die eleganten Trinkgefäße erfreuten sich großer Beliebtheit in weiten Bereichen des Mittelmeerraumes, etwa an der ligurischen Küste im Umfeld von Marseille oder im punischen Karthago. Produktionsschwerpunkt und Hauptexporteur war zunächst Cerveteri, wo schon im 7. Jahrhundert eine Werkstatt existierte, die griechische Sagenmotive mit etruskischen Namensbeischriften in die Gefäße einritzte.

Im 6. Jahrhundert v. Chr. scheint dann zunächst Vulci das wichtigste Herstellungszentrum gewesen zu sein, aber auch im

Landesinneren, in Chiusi, Cortona, Orvieto und andernorts blühte die Buccheroproduktion, wobei die Ritzverzierung zunehmend durch Stempelmotive verdrängt wurde. Die Gefäße waren nun dickwandiger (*Bucchero pesante*), sie verloren allmählich ihren Metallcharakter, und ihre tiefschwarze Färbung tendierte in Richtung grau (*Bucchero grigio*). Damit war ein Grad der Degeneration erreicht, der das Ende der Gattung im Verlauf des 5. Jahrhunderts v. Chr. einleitete.

Im Verhältnis zu den Keramikgattungen der Impasto- und der Buccheroware brachten die Etrusker auf dem Gebiet der Vasenmalerei meist nur bescheidene Leistungen hervor: Zu dominierend und zu qualitätvoll war die griechische Vasenmalerei, vor allem jene aus den Handelsmetropolen Korinth und Athen. Dennoch hat es nicht an Versuchen gefehlt, die importierten griechischen Waren nachzuahmen, und so finden wir denn auch, möglicherweise wieder unter Anleitung griechischer Töpfer und Vasenmaler, fast alle Gattungen griechischer Keramiken und ihre Malweisen als Imitationen in Etrurien wieder: Im 8. Jahrhundert v. Chr. den euböischen und geometrisch-korinthischen Stil, im 7. Jahrhundert waren es wieder Korinth sowie das kleinasiatische Milet, die über ihre Exportkeramik entscheidend auf die etruskische Vasenproduktion einwirkten und dabei unter anderem den etruskisch-korinthischen Vasenstil hervorbrachten. Dessen qualitätvollste Exemplare sind weder in ihrer Form noch in ihrem Tierfries-Dekor leicht von den griechischen Originalen zu unterscheiden.

Im 6. Jahrhundert v. Chr., der Blütezeit der schwarzfigurigen griechischen Vasenmalerei auf hellem Hintergrund, gab es in Etrurien allerdings zwei Vasengattungen, die sich an Qualität und Originalität hinter den griechischen Importen nicht zu verstecken brauchten. Beide sind stilistisch der ostgriechischen Kunst entlehnt, und viel spricht dafür, daß die Werkstätten unter der Leitung ionischer Meister standen. Im ersten Fall handelt es sich um die wohl in Vulci zu lokalisierende „pontische Vasenmalerei", deren Gefäße, meist Amphoren, mit erfrischend lebendigen Szenen aus der griechischen Sagenwelt geschmückt sind, wobei die Ausdruckskraft der handelnden Heroen durch die häufige Verwendung von Deckweiß noch gesteigert wird.

Die zweite Gattung, deren Gefäße praktisch nur aus Cerveteri bekannt sind, umfaßt ausschließlich dreihenklige Krüge zum Wasserschöpfen. Diese „Caeretaner Hydrien" sind sogar durch die differenzierende Verwendung von Rot- und Brauntönen noch farbenfroher als die pontischen Amphoren, und die dargestellten mythologischen Szenen erfreuen durch ihre Vitalität und Originalität. Hingegen dürfte eine weitere Gattung schwarzfiguriger Vasenmalerei, obwohl sie fast nur aus Etrurien bekannt ist, trotz ihrer Bezeichnung als „tyrrhenisch" wohl in Athen hergestellt worden sein. Bei dieser Gattung ist anzunehmen, daß sie speziell für den etruskischen Markt hergestellt wurde.

Da die künstlerisch außergewöhnlich anspruchsvollen griechischen Vasen Athens im 6. und 5. Jahrhundert v. Chr. leicht importiert werden konnten, ist die etruskische Produktion auf diesem Gebiet eher eingeschränkt. Erst als im 5. Jahrhundert der Handel mit Athen drastisch zurückging und der Schwerpunkt der Vasenmalerei nunmehr im griechischen Unteritalien lag, erlebte die Technik der rotfigurigen Malerei (vor schwarzem Hintergrund) auch in Etrurien eine Nachblüte. Bezeichnenderweise verlagerten sich die Produktionszentren dabei von der Küste ins Landesinnere. So ist in Civita Castellana eine Werkstatt zu lokalisieren, die von einem eingewanderten athenischen Töpfer und Vasenmaler gegründet wurde. Auch in Orvieto, Chiusi und Volterra blühten im 4. Jahrhundert Keramikwerkstätten mit originellen Malstilen. Angeregt von den Bildthemen der unteritalischen Vasenmalerei sind es in erster Linie Jenseitsdarstellungen und Abschiedsszenen, die auf den weiterhin schwarz gefirnisten Gefäßen vorherrschen. Die Vasen waren demnach für den Grabkult bestimmt, während im häuslichen Bereich offensichtlich die schlichte, weitgehend unbemalte „Schwarzfirnisware" verwendet wurde, die bis in die Zeit der Romanisierung Etruriens fortlebte.

5. Kleinkunst und Kunsthandwerk

Zu den eindrucksvollsten Werken der etruskischen Kunst gehören Arbeiten aus Elfenbein und Gold. Beide Materialien, in Etrurien selbst nicht vorhanden, mußten von weit her eingeführt werden und sind, zumindest in der Frühzeit, wohl über orientalische Händler in Etrurien bekannt geworden. Es dürften vor allem Phöniker gewesen sein, die im frühen 7. Jahrhundert v. Chr. teils durch den Export eigener Fertigprodukte, dann aber auch als unmittelbare Lehrmeister in Mittelitalien auftraten. Dies zeigt sich z.B. in dem orientalischen Verfahren, Kleinplastiken und auch Gefäße mit Goldfolie zu überziehen und damit den Wert des Gegenstandes zu vergrößern (Abb. 15), die wir während der orientalisierenden Phase auch an etruskischen Objekten finden.

Abb. 15: Orientalisches Steingefäß aus Cerveteri, Höhe 7,8 cm, Ende 7. Jahrhundert v. Chr. Rom, Museo di Villa Giulia

Abb. 16: Goldene Schließe (Detail)
aus der Tomba Bernardini in Palestrina, Gesamtlänge 16,5 cm,
Mitte 7. Jahrhundert v. Chr. Rom, Museo di Villa Giulia

Vor allem aber sind es die Elfenbeinarbeiten aus Cerveteri
und dem latinischen Palestrina, kunstvoll geschnitzte Toilette-
und Luxusgegenstände mit zunächst rein orientalischen und
wenig später auch griechischen Motiven, sowie der Gold-
schmuck, in dem es die Etrusker in technischer und künstlerischer Hinsicht zu einzigartiger Perfektion gebracht haben.

Die Kenntnis neuer Techniken und Materialien ließ Alther-
gebrachtes jedoch keineswegs verschwinden. Vielmehr lebten
in den neuen Prunkfibeln der orientalisierenden Epoche sowohl
die Formen als auch bestimmte Einzelmotive der Villanova-
Zeit weiter. Neu war hingegen, neben der Größe, das ver-
wendete Material Gold und die Verzierung durch winzige
Goldkügelchen (Granulation) oder Goldfäden (Filigran), die
mittels einer Verbindung aus Kupfersalzen und organischen
Klebstoffen festgelötet wurden. Diese Kügelchen von etwa
0,3 mm Durchmesser, gewonnen aus zerhackten und geschmol-
zenen Golddrähten von entsprechender Dicke, wurden zu figürlichen oder ornamentalen Motiven komponiert, häufig auch
über gestanztem, fast rundplastisch geformtem Relief (Abb.16).
Neben dieser üblichen Granulationsart gab es noch die
speziell etruskische Variante der „Staubgranulation", bei der
die einzelnen Kügelchen so klein gearbeitet waren (0,1 mm),
daß sie mit bloßem Auge nicht mehr zu erkennen sind.

Die unglaubliche Arbeitsleistung etruskischer Goldschmiede verdeutlicht vielleicht am besten die erstaunliche Zahl von 120 000 Kügelchen, die auf einer Goldfibel aus Cerveteri festgelötet waren.

Während diese einzigartigen Kunstwerke im wesentlichen auf die orientalisierende Stilphase des 7. und frühen 6. Jahrhunderts v. Chr beschränkt blieben und das hohe Niveau sich während der folgenden Jahrhunderte nicht halten ließ, blieben die etruskischen Bronzearbeiten, Geräte, Gefäße, Reliefs und Statuetten dennoch originell und durchaus eigenständig. Im 7. Jahrhundert v. Chr. waren es zunächst Geräte und Gefäße in orientalischer oder griechischer Tradition. Schon hier zeigte sich die Vorliebe für figürlichen Schmuck, etwa über die Gefäßränder hinausblickende Figuren, die sog. Topfgucker, oder vollplastisch gearbeitete Deckelfiguren, meist Krieger oder Akrobaten, die als Griffe dienten und bis in die etruskische Spätzeit hinein in großer Vielzahl und phantasievollen Gruppierungen vorkommen.

Ähnlich vielfältig ist das Repertoire an figürlichen Kandelaberbekrönungen bzw. Kerzenständern, die im Wohn- wie im Grabbereich Verwendung fanden. Von höchster Qualität sind etruskische Bronzebleche, vornehmlich aus Vulci, seinerzeit erfolgreiche Exportartikel, wozu nicht zuletzt ihr reicher figürlicher Schmuck – meist griechische Sagenmotive – beigetragen haben dürfte. Erhalten sind sie vor allem als Verkleidungsplatten hölzerner Renn- oder Prozessionswagen, die den Verstorbenen als Statussymbole mit ins Grab gegeben wurden. Auch Kesselständer, wie die sog. Loebschen Dreifüße, weisen reichen plastischen Schmuck auf und sind sowohl künstlerisch als auch thematisch wichtige Zeugnisse der etruskischen Bronzekunst.

Besondere Beachtung findet seit jeher die Gruppe freigearbeiteter Bronzestatuetten, die nicht dem Kanon griechischer Körperproportionen folgen, sondern sich durch eine übertriebene Längung des Körpers auszeichnen, wobei der Kopf, wie im Fall der weiblichen Votivstatuette vom Nemisee (Abb. 17), häufig detailliert und – in Anlehnung an groß-

Abb. 17: Bronzestatuette einer Frau
aus dem Diana-Heiligtum am Nemi-See, Höhe 50 cm,
4. Jahrhundert v. Chr. Paris, Musée du Louvre

formatige Bronzewerke – sehr qualitätvoll ausgearbeitet ist. Die Anfänge dieser unanatomischen Körperbildung reichen bis in spätarchaische Zeit zurück, ihre extremste Ausformung findet sie im 4./3. Jahrhundert v. Chr. in der ‚Ombra della Sera‘ in Volterra, einer nackten männlichen Statuette von 55 cm Höhe. Während die Größe des Kopfes in etwa der Breite der Figur entspricht, sind der Rumpf, die am Körper anliegenden Arme und die Beine extrem lang gebildet, so daß die Statuette einen labilen, schwebenden Eindruck macht.

Alberto Giacometti, dessen Freiplastiken eine erstaunliche Übereinstimmung mit den etruskischen Werken aufweisen, schrieb, ihm sei es um die Leichtigkeit des lebenden menschlichen Körpers gegangen. Ob die etruskischen Künstler, die ja zugleich auch anatomisch ‚richtige‘ Statuetten herzustellen imstande waren, ebenso empfunden haben, wissen wir nicht. In jedem Fall ist die Abstraktion eine der bemerkenswertesten Leistungen der Etrusker und sicher auch einer der Gründe dafür, daß ihre Kunst gerade im 20. Jahrhundert eine besondere Wertschätzung erfuhr.

Von großer Originalität sind auch gravierte Spiegel und als Cisten bezeichnete Bronzebehälter, die zum häuslichen Bereich der etruskischen Frau gehörten und ihr auch ins Grab mitgegeben wurden. Die eine Seite des runden Spiegels war glatt poliert, die andere figürlich dekoriert, wobei Szenen der griechischen Mythologie dominieren, vor allem solche aus der ‚Privatsphäre‘ der Götter. Vereinzelt gab es auch lokale Bildthemen, und da neben den Figuren häufig die Namen der Dargestellten eingraviert sind, geben diese Spiegel wie keine andere Gattung Auskunft über etruskische Götter- und Heroennamen, wie etwa im Falle des ‚Tarchonspiegels‘ aus Tuscania (Abb. 3).

Insbesondere die Cisten sind mit besonderer Sorgfalt graviert. Dank ihres großen Bildfeldes konnten sie Themen szenisch wiedergeben; herausragendes Beispiel ist die ‚Ficoronische Ciste‘ in der Villa Giulia in Rom, die das Abenteuer der Argonauten auf ihrer Fahrt nach Kolchis am Schwarzen Meer schildert. Daß dieses Gefäß aufgrund der altlateinischen

Künstlersignatur („*Novios Plautios med Romai fecid*") vermutlich einem in Rom arbeitenden Künstler zugeschrieben
werden muß und eine weitere Werkstatt im latinischen Palestrina zu lokalisieren ist, verdeutlicht, daß von etruskischer
Kunst zu diesem Zeitpunkt kaum noch die Rede sein kann.
Vielmehr handelt es sich um Erzeugnisse jener schon angesprochenen künstlerischen ‚Koine' des hellenistischen Mittelitalien, die nur wenig später in der augusteischen Epoche zu
neuer und jetzt eindeutig römischer Blüte aufsteigen sollte.

VII. Wirkung und Nachleben

Die vielfältigen Beziehungen während der jahrhundertelangen Nachbarschaft zwischen Etruskern und Römern gingen so weit, daß Rom in seiner Frühzeit unter kulturellen und künstlerischen Aspekten faktisch als eine etruskische Stadt gelten konnte: Von den benachbarten Etruskern übernahmen die Römer im 7. Jahrhundert v. Chr. die Schrift, wahrscheinlich auch das Zahlensystem und die Sitte der Vor- und Nachnamen. Überhaupt ist der Aufstieg Roms zum führenden Machtzentrum von Latium im Verlauf des 6. Jahrhunderts v. Chr. ein Werk der Etrusker, denen es die technischen Voraussetzungen zur Urbanisierung ebenso verdankte wie die ersten größeren Kultbauten und deren künstlerische Ausgestaltung, einschließlich der Kultbilder und Dachterrakotten. Auch die Hausarchitektur, insbesondere das typisch „römische" Atriumhaus, hatte ihre Wurzeln in Etrurien, während das von Poseidonios eingangs genannte Peristyl, wenigstens in der Form, wie es sich etwa in Pompeji als säulenumstandener Hof an den Komplex des Atriums anschließt, eine eindeutig griechische Erfindung ist.

Der zweite Bereich, in dem die Etrusker auf Rom einwirkten, betrifft die Amtsinsignien der Konsuln und Triumphatoren. Die zweirädrige Biga, der Purpurmantel, der Krummstab *(lituus)*, das Rutenbündel *(fasces)* und der elfenbeinerne Klappstuhl *(sella curulis)* sind Erbe der etruskischen Könige.

Fremd hingegen blieb den Römern das Wesen der etruskischen Religion, insbesondere die differenzierte Kommunikation der Priester mit den jenseitigen Mächten mittels Blitzdeutung und Leberschau, jener Bereich der etruskischen Kultur, den die Römer nicht assimilieren konnten, der aber für ihre Kultpraxis, vor allem bei existentiellen Entscheidungen für die *res publica*, z.B. über Krieg und Frieden, unverzichtbar war. Insofern ist verständlich, warum Poseidonios die etruskischen Priester als einzige benennt, die dem römischen Staat zu seiner Zeit noch von praktischem Nutzen waren und es auch bis in die Kaiserzeit hinein blieben.

Über die Römer wiederum wirken manche Elemente etruskischen Ursprungs, im wesentlichen unbewußt, bis in unsere heutige Zeit fort, so der genannte Bautyp des ziegelgedeckten Atriumhauses oder die nach Vitruv als „tuskanisch" bezeichnete Säulenform als Produkt gelehrter Antikenstudien seit der Renaissance. Vereinzelt sind Wörter, so etwa „Person", über das Lateinische *(persona)* vom Etruskischen herzuleiten, wo das Wort *phersu* wie im Lateinischen die Bedeutung „Maske" besaß.

Während in Mittelitalien die Etrusker in topographischen Bezeichnungen („Toscana", „Tuscania", „Tyrrhenisches Meer") sowie in ihren Monumenten (besonders den Stadttoren) stets gegenwärtig blieben, verlief ihr Einfluß auf Mitteleuropa in einzelnen Schüben: in vorchristlicher Zeit durch enge Handelsbeziehungen mit den Kelten, denen sie unter anderem die Kenntnis des Bronzegusses und des Weines vermittelten, sowie später in indirekter Form durch die Übernahme etruskischer Buchstaben als Basis für die Runenschrift der Germanen.

Die Renaissance, ihre Entstehung in der Toskana und die Ausstrahlung nach Mitteleuropa, ist nicht zuletzt durch die Entdeckung und Wirkung literarischer Schriften – etwa des Vitruv – und Denkmälern wie der ‚Chimäre von Arezzo' mit dem wachsenden Interesse an den Etruskern verbunden. Seit dem 18. Jahrhundert hat die Entdeckung der Gräber und deren Wandmalereien auf die europäische Literatur eingewirkt. So ist es die Mystik der etruskischen Gräberlandschaft, die Arnold Böcklin zu seinem Gemälde ‚Die Toteninsel' inspirierte. Die eindrucksvolle Darstellung von Tod und Stille entsprach dem Lebensgefühl der Zeit und erklärt die Beliebtheit dieses und ähnlicher Bilder beim deutschen Bürgertum des ausgehenden 19. Jahrhunderts. Dagegen erscheint die etruskische Kultur bei Autoren wie etwa Aldous Huxley und D. H. Lawrence verklärt zum Mythos einer verlorenen Welt, in der die Persönlichkeit des einzelnen noch nicht den Zwängen einer genormten und technisierten Umwelt unterworfen ist.

Schlußbemerkung – Die Etrusker heute

„Die Gräber wirken so behaglich und freundlich, obwohl sie unter der Erde aus dem Fels gehauen wurden. Man fühlt sich nicht bedrückt, wenn man hinabsteigt. Teilweise ist das offenbar dem Zauber des natürlichen Ebenmaßes zu verdanken, wie er allen etruskischen Dingen der unverdorbenen, noch nicht romanisierten Jahrhunderte eigen ist. Aus Formen und Bewegungen der unterirdischen Wände und Räume sprechen eine Schlichtheit und zugleich eine sehr eigenartige, ungezwungene Natürlichkeit, die sofort tröstlich stimmt. Die Griechen waren bestrebt, Eindruck zu machen, und in der Zeit der Gotik war man in noch stärkerem Maße bemüht zu beeindrucken. Nicht so die Etrusker. Die Dinge, die sie während der Jahrhunderte ihres Wohlstandes hervorbrachten, sind ebenso natürlich und ungezwungen wie das Atmen. Sie atmen eine gewisse Lebensfülle. Das gilt sogar von den Gräbern. Und darin besteht der wahre Vorzug der Etrusker: in ihrer ungezwungenen Natürlichkeit und ihrem Lebensüberschwang. Sie haben nicht das Bedürfnis, dem Geist oder der Seele eine bestimmte Richtung aufzuzwingen. – Und der Tod war für die Etrusker eine heitere Fortsetzung des Lebens, mit Edelsteinen und Wein und mit Flöten, die zum Tanz aufspielten. Es war weder eine ekstatische Seligkeit, ein Himmel, noch ein qualvolles Purgatorium. Es war einfach eine natürliche Fortdauer der Lebensfülle. Alles fand seinen Ausdruck in Begriffen des Lebens, des Lebendigen.“

Diese Zeilen aus der Feder von David Herbert Lawrence, entnommen seinen ‚Etruskischen Stätten‘, stehen bewußt am Ende eines Bändchens, das in erster Linie Sachinformationen geben wollte. Aber wenn es darum geht, das heutige Interesse an den Etruskern zu begründen, dann ist es nicht damit getan, Fakten aufzuzählen. Wer die Wandmalereien in den Gräbern von Tarquinia gesehen hat und die Nekropolen von Cerveteri in ihrem romantischen Umfeld, der versteht die Begeisterung von Lawrence und der Tausende von Reisenden, die vor und nach ihm die Etruskerstätten besuchten. Unabhängig von der Frage, ob die Interpretationen von Lawrence wissenschaftlich haltbar sind, entsprechen sie doch weitgehend dem, was der Besucher empfindet und was ihn spontan mit den Etruskern verbindet: Es ist die scheinbare Natürlichkeit und Lebendigkeit, die sich deutlich abhebt von der genormten Klassik der Griechen und der rationalen Monumentalität der Römer. In der Tat hat sich die etruskische Kunst, aller Dominanz durch die Griechen zum Trotz, jederzeit eine beachtliche Selbständigkeit bewahrt, die souverän zwischen Wirklichkeitsnähe und Abstraktion variierte. Nicht umsonst verblüfft die Ähnlichkeit zwischen den überlängten Statuetten eines Alberto Giacometti und der ‚Diana‘ vom Nemi-See (Abb. 17) oder der ‚Ombra della Sera‘ aus Volterra. Giacometti wollte mit den extrem langen Beinen die schwebende Leichtigkeit des menschlichen Körpers wiedergeben. Die Intentionen der etruskischen Künstler kennen wir nicht, aber das Ergebnis entspricht dem abstrakten Kunstverständnis der Moderne und regt zum Nachdenken an.

Auch wenn wir den Etruskern keine prägenden Kulturleistungen wie z.B. die Philosophie der Griechen oder das Rechtswesen der Römer verdanken, so genügt alleine schon ihre Kunst, uns davon zu überzeugen, daß sie zu den großen Kulturvölkern des alten Europa zählen. Und so ist es wichtig, sich der Etrusker zu erinnern, um unser Bild der antiken Kultur nicht allein auf die Leistungen der beiden ‚klassischen‘ Mittelmeervölker zu verengen.

Antike Autoren und Werke

Aufgenommen sind nur solche Autoren, in deren Werken Hinweise auf die Etrusker enthalten sind.

Antikleides, griech. Historiker, 3. Jh. v. Chr., von Strabon zitiert.

Aristoteles, griech. Philosoph und Politiker, 4. Jh. v. Chr.: *Politika*.

Athenaios, Antiquar, 3. Jh. n. Chr.: *Deipnosophistai*.

Cato, M. Porcius, röm. Politiker und Schriftsteller, 2. Jh. v. Chr.: *Origines*.

Censorinus, C. Caelius, röm. Grammatiker, 3. Jh. n. Chr.: *De die natali*.

Cicero, M. Tullius, röm. Politiker und Philosoph, 1. Jh. v. Chr.: *De natura deorum* und *De divinatione*.

Claudius, röm. Kaiser, 1. Jh. n. Chr., nach Sueton Verfasser von 20 Büchern über die etrusk. Geschichte.

Diodor(os), sizilischer Historiker, 1. Jh. v. Chr.: *Biblotheke (Universalgeschichte)*.

Dionysios von Halikarnass, augusteischer Rhetor und Historiker: *Römische Altertümer*.

Ephoros, griech. Historiker, 4. Jh. v. Chr.: *Istoriai (Universalgeschichte)*.

Festus, F. Sex. Pompeius, röm. Grammatiker, 2. Jh. n. Chr.: Glossar zu *De verborum significatu des Verrius Flaccus*.

Hellanikos, griech. Historiker, 5. Jh. v. Chr.

Herakleides Pontikos, griech. Philosoph, 4. Jh. v. Chr., von hellenist. und röm. Autoren zitiert.

Herodot(os), griech. Historiker, 5. Jh. v. Chr.: *Historien*.

Hesiod(os), griech. Dichter, um 700 v. Chr.: *Theogonie*.

Homer(os), griech. Dichter, vor 700 v. Chr.: *Ilias und Odyssee*.

Iuvenal(is), D. Iunius, röm. Satiriker, 1. Jh. n. Chr.: *Satiren*.

Livius, augusteischer Historiker: *Ab urbe condita libri*.

Martianus Capella, heidnisch-latein. Enzyklopädist, 5. Jh. n. Chr.: *De nuptia Philologiae et Mercurii*.

Pausanias, griech. Reiseschriftsteller, 2. Jh. n. Chr.: *Periegesis tes Ellados*.

Pindar(os), griech. Dichter, 5. Jh. v. Chr.: *Epiniken*.

Plinius, C. Publ. Sec. (der Ältere), röm. Politiker und Autor, 1. Jh. n. Chr.: *Naturalis historia*.

Plutarch(os), griech. Philosoph und Historiker, 1. Jh. n. Chr.: *Biographien* und *Moralia*.

Poseidonios von Apameia, Politiker und Philosoph, 1. Jh. v. Chr., seine Schriften nur indirekt (bes. Athenaios, Strabon) überliefert.

Seneca, L. Annaeus, röm. Politiker, Philosoph und Dichter, 1. Jh. n. Chr.: *Naturales quaestiones*.

Strabon von Amaseia, augusteischer Geograph und Historiker: *Geographika*.

Sueton(ius), C. S. Tranquillus, röm. Biograph, 1./2. Jh. n. Chr.: *De vita Caesarum*.

Tarquitius Priscus, T., Übersetzer etrusk. sakraler Schriften ins Lateinische, 1. Jh. v. Chr.

Theopomp(os) von Chios, griech. Historiker, 4. Jh. v. Chr. *Historien*, zitiert von Athenaios.

Thukydides, griech. Politiker und Historiker, 5./4. Jh. v. Chr.: *Archäologie*.

Timaios von Tauromenion, griech. Historiker, 4. Jh. v. Chr., von hellenist. und röm. Autoren zitiert.

Varro, M. Terrentius, röm. Politiker und Antiquar, 2./1. Jh. v. Chr.: *De lingua Latina*.

Vitruv(ius), Pollio, augusteischer Architekt und Fachautor: *De architectura*.

Literaturauswahl

Die Literatur zum Thema Etrusker ist heute selbst für den Spezialisten kaum noch zu überblicken. Besonders die rege Publikationstätigkeit in Italien kann hier nur auszugsweise berücksichtigt werden.

I. Die Etruskologie und ihre Grundlagen

Banti, Luisa: *Die Welt der Etrusker*, Stuttgart 1960. – Der erste Versuch, zwischen der Kunstentwicklung der einzelnen etrusk. Stadtstaaten zu differenzieren.

Civiltà degli Etruschi, Florenz 1985. – Katalog der zentralen Ausstellung zur etrusk. Kultur im „Jahr der Etrusker" 1985, ergänzt durch regionale Expositionen in Arezzo (Heiligtümer), Chiusi – Volterra (Kunsthandwerk), Cortona (Geschichte der Akademie), Florenz (Nachleben), Massa Marittima – Populonia – Portoferraio (Zone der Mineralien), Orbetello (Romanisierung von Vulci), Perugia (Schrift) und Siena (Häuser und Paläste).

Cristofani, Mauro (Hrsg.): *Dizionario della civiltà etrusca*, Florenz 1985. – Einziges etrusk. Lexikon nach Stichworten, mit reicher Bebilderung, aber ohne wissenschaftliche Literatur.

– (Hrsg.): *Die Etrusker*, Stuttgart – Zürich 1995; Übersetzung der ital. Originalausgabe *Gli Etruschi* 1984. – Reich illustrierter Band führender Etruskologen zu den wesentlichen Bereichen der etrusk. Kultur.

Müller, Karl Otfried und Deecke, Wilhelm: *Die Etrusker*, Graz 1965; Nachdruck der Originalausgabe von 1877. – Älteste, noch heute nützliche Gesamtdarstellung.

Pallottino, Massimo: *Etruskologie. Geschichte und Kultur der Etrusker*, Basel – Boston – Berlin 1988; Übersetzung der Neubearbeitung 1985 der ital. *Etruscologia*, 7. Aufl. seit 1942. – Das Standardwerk der Etruskerforschung.

Pfiffig, Ambros Josef: *Einführung in die Etruskologie. Probleme, Methoden, Ergebnisse*, Darmstadt 1972. – Nützliche, allerdings in Teilen überholte und primär sprachlich ausgerichtete Einführung.

Thuillier, Jean-Paul: *Die Etrusker. Pioniere Europas*, Ravensburg 1994; Überarbeitung und Ergänzungen durch M. Bentz der franz. Originalausgabe *Les Étrusques: La fin d'un mistère?*, 1990. – Reich bebildertes, informatives Taschenbuch mit einem Anhang „Zeugnisse und Dokumente".

Vacano, Otto-Wilhelm von: *Die Etrusker in der Welt der Antike*, Hamburg 1957. – Das älteste, längst vergriffene deutsche Taschenbuch über die Etrusker, mit besonderem Gewicht auf der Religion und dem mediterranen Umfeld der etrusk. Kultur.

II. Land, Städte, Gesellschaft

Dennis, George: *Die Städte und Begräbnisplätze Etruriens*, Darmstadt 1973; Nachdruck der Übersetzung von 1852 nach der Originalausgabe *The Cities and Cemeteries of Etruria*, 1848. – Ältester, wegen seiner originellen Beobachtungen und Reiseschilderungen noch heute lesenswerter kulturgeschichtlicher Reiseführer durch Etrurien.

Heurgon, Jacques: *Die Etrusker*, Stuttgart 1972; Übersetzung der franz. Originalausgabe *La vie quotidienne chez les Étrusques*, 1961. – Im Mittelpunkt steht das Alltagsleben der Etrusker. Neben den archäologischen Denkmälern liegt besonderes Gewicht auf den Aussagen der antiken Schriftquellen.

Pfiffig, Ambros Joseph: Zur Sittengeschichte der Etrusker, in: *Gymnasium* 71, 1964, S. 17–36. – Grundlegender Beitrag zur moralisierenden Tendenz griech. Autoren im Hinblick auf die Sitten bei den Etruskern.

Rallo, Antonia (Hrsg.): *Le donne in Etruria*, Rom 1989. – Sammelband über die Rolle der Frau in der etrusk. Gesellschaft auf der Basis der literarischen Überlieferung, der Inschriften und der Bildkunst.

Steingräber, Stephan: *Etrurien. Städte, Heiligtümer, Nekropolen*, München 1981. – Bester, reich bebilderter archäologischer Reiseführer durch Etrurien (derzeit vergriffen).

Torelli, Mario: *Die Etrusker. Geschichte, Kultur, Gesellschaft*, Frankfurt – New York 1988; Übersetzung der ital. Originalausgabe *Storia degli Etruschi*, 1984. – Wichtige Studie über Werden, Blüte und Untergang der etrusk. Kultur unter historischen und gesellschaftlichen Aspekten.

Weeber, Karl-Wilhelm: *Geschichte der Etrusker*, Stuttgart 1979. – Einzige Monographie mit rein historischer Fragestellung, unter Einbeziehung auch sozialer und politischer Gesichtspunkte.

III. Herkunft, Anfänge und Sprache

Bartoloni, Gilda: *La cultura villanoviana. All'inizio della storia etrusca*, Rom 1989. – Wichtiger Beitrag zur Frühgeschichte der Etrusker mit dem Schwerpunkt auf der kulturgeschichtlichen Auswertung der Grabkontexte aus der Villanova-Zeit (9./8. Jh. v. Chr.).

Briquel, Dominique: *L'origine lydienne des Étrusques, histoire de la doctrine dans l'antiquité*, Rom 1991. – Diskussion der antiken Quellen zur lydischen Herkunftsthese.

De Simone, Carlo: *Die griechischen Entlehnungen im Etruskischen*, 2 Bde., Wiesbaden 1970. – Die grundlegende Arbeit zu den Beziehungen des Etruskischen zum Griechischen.

Gras, Michel: *Trafics tyrrhéniens archaiques*, Rom 1985. – Monographie zu den ältesten maritimen Handelsbeziehungen der Etrusker.

Hencken, Hugh: *Tarquinia and the Etruscan Origins*, London 1968. – Historische Ausdeutung der frühen Grabfunde von Tarquinia mit anregenden, aber umstrittenen Thesen zur Herkunftsfrage der Etrusker.

Pfiffig, Ambros Joseph: *Die etruskische Sprache. Versuch einer Gesamtdarstellung*, Graz 1969. – Einzige etrusk. Grammatik in deutscher Sprache, mit zum Teil problematischen Deutungen.

Rix, Helmut: *Etruskische Texte. Editio minor*, 2 Bde., Tübingen 1991. – Die neueste und beste Edition etrusk. Texte.

IV. Expansion, Blütezeit und Niedergang

Aigner-Foresti, Luciana (Hrsg.): *Etrusker nördlich von Etrurien. Etruskische Präsenz in Norditalien sowie ihre Einflüsse auf die einheimischen Kulturen.* Akten des Symposions Wien, Oktober 1989, Wien 1992. – Internationales Kolloquium zum Thema der nordalpinen Einflüsse und Kontakte Etruriens.

Cristofani, Mauro (Hrsg.): *La grande Roma dei Tarquini*, Ausst. Kat., Rom 1990. – Die aktuellste Dokumentation der archäologischen Befunde in Rom und Latium unter der Herrschaft etrusk. Könige im 7. und 6. Jahrhundert v. Chr.

Pallottino, Massimo (Hrsg.): *Die Etrusker und Europa*, Ausst. Kat., Berlin 1992. – Die Etrusker im europäischen Kontext von der Antike bis zur Moderne.

– *Genti e culture dell'Italia preromana*, Rom 1981. – Kulturgeschichtlich orientiertes, alle vorrömischen Völker Italiens behandelndes Taschenbuch.

– *Italien vor der Römerzeit*, München 1987; Übersetzung der ital. Ausgabe *Storia della prima Italia*, 1984. – Eine Geschichte Altitaliens einschließlich der Romanisierung, nach Epochen gegliedert.

Pfiffig, Ambros Joseph: *Die Ausbreitung des römischen Städtewesens in Etrurien und die Frage der Unterwerfung der Etrusker*, Florenz 1966. – Differenzierte Darstellung der Romanisierung Etruriens.

Ridgway, David und Francesca (Hrsg.): *Italy before the Romans. The Iron Age, Orientalizing and Etruscan periods*, London 1979. – Beiträge namhafter Autoren zur Kunst und Kultur des vorrömischen Italien und des Bereichs nördlich der Alpen.

V. Die Religion

Herbig, Reinhard: *Götter und Dämonen der Etrusker*, hrsg. und bearb. von Erika Simon, Mainz 1965. – Für ein breiteres Publikum konzipierte, reich bebilderte Darstellung der etrusk. Jenseitswesen.

Krauskopf, Ingrid: *Todesdämonen und Totengötter im vorhellenistischen Etrurien*, Florenz 1987. – Zusammenstellung und Deutung aller sprachlichen und ikonographischen Dokumente zum Thema.

Pfiffig, Ambros Joseph: *Religio etrusca*, Graz 1975. – Gesamtdarstellung unter Einbeziehung aller zur Verfügung stehenden Quellen.

Thulin, Carl O.: *Die etruskische Disciplin I–III*, Darmstadt 1968; Nachdruck der Originalausgabe von 1905–1909. – Trotz ihres Alters nach wie vor die beste Materialsammlung und kritische Deutung der literarischen Quellen.

Van der Meer, Lammert Bouke: *The Bronze Liver of Piacenza. Analysis of a Polytheistic Structure*, Amsterdam 1987. – Einzige Monographie zur ‚Bronzeleber von Piacenza‘ unter Berücksichtigung aller epigraphischen, literarischen und archäologischen Quellen und Denkmäler.

VI. Die Kunst

Blanck, Horst und Weber-Lehmann, Cornelia (Hrsg.): *Malerei der Etrusker in Zeichnungen des 19. Jahrhunderts*, Ausst. Kat., Köln 1987. – Die Originalzeichnungen und -pausen haben hohen ästhetischen und dokumentarischen Wert, vor allem hinsichtlich heute verblaßter oder verlorener Farben und Inschriften.

Cristofani, Mauro: *I bronzi degli Etruschi*, Novara 1985. – Reich illustrierter und glänzend ausgestatteter Band über die etrusk. Bronzebildwerke.

– und Martelli, Marina (Hrsg.): *L'oro degli Etruschi*, Novara 1983. – In derselben Serie wie der Bronze-Band erschienene reich illustrierte Publikation über die Goldarbeiten.

Dohrn, Tobias: *Die etruskische Kunst im Zeitalter der griechischen Klassik. Die Interimsperiode*, Mainz 1982. – Im Mittelpunkt stehen rundplastische Bildwerke des 5. und 4. Jahrhunderts v. Chr. und ihr Verhältnis zur gleichzeitigen „Klassik" der griech. Kunst.

von Freytag gen. Löringhoff, Bettina: *Das Giebelrelief von Telamon und seine Stellung innerhalb der „Sieben gegen Theben"*, Mainz 1986. – Publikation des wichtigsten Reliefs der hellenistisch-etrusk. Kunst mit Beiträgen zur Mythologie und Religionsgeschichte.

Hampe, Roland und Simon, Erika: *Griechische Sagen in der frühen etruskischen Kunst*, Mainz 1964. – Grundlegender Beitrag zum Verständnis griech. Sagenmotive in Etrurien.

von Hase, Friedrich-Wilhelm: Der etruskische Bucchero aus Karthago ..., in: *Jahrb. Zentralmuseum Mainz* 36, 1989 (1992) S. 327–410. – Studie über die Bucchero-Funde in Karthago und über die Verbreitung der Gattung im Mittelmeerraum.

Krauskopf, Ingrid: *Der thebanische Sagenkreis und andere griechische Sagen in der etruskischen Kunst*, Mainz 1974. – Bestätigung und Vertiefung der These von R. Hampe und E. Simon (s. o.) auf breiterer Materialbasis.

Martelli, Marina (Hrsg.): *La ceramica degli Etruschi. La pittura vascolare*, Novara 1987. – Großzügig ausgestatteter, systematisch aufgebauter Bildband über die etrusk. Vasenmalerei, verfaßt von einem ital. Autorenteam.

Prayon, Friedhelm: *Frühetruskische Grab- und Hausarchitektur*, Heidelberg 1975. – Im Mittelpunkt steht die frühe hausähnliche Grabarchitektur von Cerveteri, ihre Entwicklung, ihre Aussagen für den Totenkult und ihr Verhältnis zum gleichzeitigen – noch weitgehend unbekannten – Wohnhaus in Etrurien.

Sprenger, Maja und Bartoloni, Gilda: *Die Etrusker. Kunst und Geschichte*, München 1977. – Reich illustrierte und ausgestattete Gesamtdarstellung der etrusk. Kunst, in den Angaben nicht immer zuverlässig.

Steingräber, Stephan (Hrsg.): *Etruskische Wandmalerei*, Stuttgart – Zürich 1985. – Corpuswerk mit vorzüglichem Bildteil, von einem internationalen Autorenteam verfaßt.

VII. Wirkung und Nachleben

Borsi, Franco (Hrsg.): *Fortuna degli Etruschi*, Ausst. Kat. Florenz 1985. – Das Nachleben der Etrusker in Italien von der Renaissance bis heute.

Lawrence, D. H.: *Etruskische Stätten*, Zürich 1985; Übersetzung der engl. Originalausgabe *Etruscan Places*, 1932. – Einfühlsame Schilderung der südetrusk. Nekropolen ohne wissenschaftliche Ansprüche.

Rix, Helmut: Thesen zum Ursprung der Runenschrift, in: *Aigner-Foresti* (s. o.) S. 411–441. – Ursprünge und Ableitung der Runenschrift im 1. Jahrhundert v. Chr. von alpinen Alphabeten etrusk. Provenienz.

Bildnachweis

Florenz, Archäologisches Museum 13; München, Fotoarchiv Hirmer 9; Paris, Musée du Louvre (Foto Chuzeville) 17; Rom, Deutsches Archäologisches Institut 6, 8, 10, 11, 12, 13, 14, 16; Museo di Villa Giulia 15

Abbildungen wurden entnommen aus: Prayon 1975 5; San Giovenale, Etruskerna, in: Laudet och Folket 57, 1960, Abb. 38 7; Van der Meer 1987 3

Zeichnungen 1, 2, 4 durch K. Geppert nach Entwürfen von F. Prayon.

Zeittafel

Die Angaben beziehen sich auf die Zeitrechnung v. Chr.

15.–10. Jh.	Bronzezeit (Apenninkultur – Protovillanovakultur)
9.–8. Jh.	Frühe Eisenzeit (Villanovakultur)
8. Jh.	Beginn der griechischen Kolonisation in Kampanien im Umfeld etrusk. Siedlungen (Hauptort Capua)
753	traditionelles Gründungsdatum von Rom
um 700	älteste etrusk. Inschriften
7. Jh.	Blütezeit der etrusk. Küstensiedlungen; etrusk. Thalassokratie im Tyrrhenischen Meer
ab Ende 7. Jh.	etrusk. Herrscher in Rom und Latium
6. Jh.	Höhepunkt etrusk. Machtentfaltung und Kolonialisierung der Poebene (Hauptort Mantua)
um 535	Seeschlacht von Alalia: Vertreibung der Phokäer
524	Schlacht bei Kyme: Niederlage der Etrusker
509/508	Ende der Königsherrschaft in Rom nach Vertreibung des Tarquinius Superbus; Einnahme Roms durch Laris Porsenna aus Chiusi
Anf. 5. Jh.	Tempelweihung in Pyrgi durch Thefarie Velianas
480	Schlacht von Himera: Niederlage der Karthager
474	Seeschlacht von Kyme; Beginn des Niedergangs der etrusk. Thalassokratie
453	Beutezüge an der tyrrhenischen Küste durch Flotte aus Syrakus
423	Vertreibung der Etrusker aus Kampanien
396	Eroberung von Veji durch Rom
387	Einnahme Roms durch die Gallier unter Brennus
384	Plünderung des Heiligtums von Pyrgi durch Dionys I von Syrakus
358–351	Kämpfe zwischen Tarquinia und Rom
Mitte 4. Jh.	Gallische Eroberungen etrusk. Siedlungen in der Poebene (Bologna, Marzabotto)
311–308	Vordringen Roms bis nach Mitteletrurien
295	Schlacht von Sentinum: Sieg Roms über eine Koalition aus Etruskern, Italikern und Galliern
273	Cosa als erste Kolonie Roms an der tyrrhenischen Küste; Caere verliert sein Küstenterritorium
264	Eroberung von Volsinii
264–241	1. Punischer Krieg
218–201	2. Punischer Krieg: Etrusker beliefern Rom mit Nahrungsmitteln und Waffen
91–89	Bundesgenossenkrieg und römisches Bürgerrecht für Etrurien. Ende der etrusk. Selbstständigkeit

Konkordanz der Städtenamen in Etrurien

modern	lateinisch	etruskisch
Arezzo	Arretium	
Bologna	Bononia	Felsina
Bolsena	Volsinii (novi)	Velzna
Cerveteri	Caere	Caisri, Ceizra
Chiusi	Clusium	Clevsin
Civita Castellana	Falerii veteres	
Cortona	Cortona	Curtun
Fiesole	Faesulae	Vipsul
Mantua	Mantua	Manthva
Marzabotto	Misa	Misa?
Orvieto	Volsinii veteres	Velsna, Velzna
Perugia	Perusia	Perusna
Populonia	Populonia	Pupluna (Fufluna)
Siena	Saena	Sveanna
Talamone	Telamon	Tlamu
Tarquinia	Tarquinii	Tarch(u)na
Todi	Tuder	Tular
Veji (ital. Veio)	Veii	Vei
Vetulonia	Vetulonia	Vetluna
Volterra	Volaterrae	Velathri
Vulci	Volci	Velch-

Orts- und Namenregister